Germán Arciniegas

Germán Arciniegas
Un joven de cien años

Luis H. Aristizábal

Aristizábal Arbeláez, Luis Hernando
   Germán Arciniegas / Luis Hernando Aristizábal Arbeláez. — Bogotá:
Panamericana Editorial, 2005.
   148 p. ; 20 cm. — (Personajes)
   ISNB 958-30-1707-8
   1. Arciniegas, Germán, 1900-1999 2. Arciniegas, Germán, 1900-1999
Crítica e interpretación I. Tít. II. Serie.
   928 cd 19 ed.
   AJB2124

   CEP-Banco de la República-Biblioteca Luis Ángel Arango

Editor
Panamericana Editorial Ltda.

Dirección Editorial
Conrado Zuluaga

Edición
Pedro José Román

Diseño, diagramación e investigación gráfica
Editorial El Malpensante

Cubierta: Germán Arciniegas en un retrato de 1945.
© Archivo personal Gabriela Arciniegas.

Primera edición, mayo de 2005
© Panamericana Editorial Ltda.
   Texto: Luis H. Aristizábal
   Calle 12 N° 34-20, Tels.: 3603077–2770100
   Fax: (57 1) 2373805

Correo electrónico: panaedit@panamericanaeditorial.com
www.panamericanaeditorial.com
Bogotá D. C., Colombia

ISBN 958-30-1707-8

Todos los derechos reservados.
Prohibida su reproducción total o parcial
por cualquier medio sin permiso del Editor.

Impreso por Panamericana Formas e Impresos S. A.
Calle 65 N° 95-28, Tels.: 4302110–4300355, Fax: (57 1) 2763008
Quien sólo actúa como impresor.
Impreso en Colombia
Printed in Colombia

"En Colombia hay libertad de palabra, hablada y escrita, tanto que puede decirse todo, menos la verdad".

Germán Arciniegas

Primera parte:
El estudiante de la mesa redonda, 1900-1933

En alguna reunión social una elegante dama bogotana le preguntó a Germán Arciniegas cuál era su oficio: "Señora, soy escritor, he escrito más de cuarenta libros". La dama, sorprendida, sólo acertó a volver a preguntar: "Entonces... ¿no ha trabajado nunca?". Quizá nada pinta mejor que esta anécdota lo que para Colombia y para América significó este señor que sostuvo con paciencia, tesón y mucha disciplina la dignidad de una profesión insólita por estos lares: la de escritor. Y la sostuvo como un panadero: amasando palabras todos los días de la vida. Para él, la función de escribir debía ser tomada como un ocio, un entretenimiento, antes que como una tarea de forzado. Germán Arciniegas encarnó, como ningún otro, la profesionalidad del escritor. Sólo eso bastaría para defenderlo a capa y espada, pluma, procesador de palabras y cuantas armas punzantes tengamos a la mano.

> Soy hijo de un campesino liberal, radical y excomulgado. De allí viene toda mi historia.

Los orígenes y la casa paterna

La familia paterna, Arciniegas, era oriunda del Tolima. La materna, Angueyra, de Cuba. Todo comenzó en una de las tantas guerras civiles en la Colombia del siglo XIX. En 1863 los conservadores entraron a Natagaima, agarraron a Eladio Arciniegas, que era radical, lo ataron a los barrotes de una ventana, lo lancearon, lo castraron, lo mataron y luego lo descuartizaron amarrándolo de la cola de cuatro caballos que partieron hacia las cuatro esquinas de la plaza. La viuda, "mamá Julieta", Julia Tavera Scarpetta, quedaba en el mundo con sus diecisiete años y tres hijos a cuestas. Hastiada de la violencia en su pueblo, se marchó a vivir a Honda, un pueblo pintoresco por el que pasaban todas las caravanas que hacían el larguísimo recorrido entre la costa y la capital del país. En aquellos días este puerto sobre el río Magdalena ofrecía buenas oportunidades de trabajo. Uno de los hijos de mamá Julieta, Rafael Arciniegas, hombre pueblerino, socarrón y malicioso, que terminaría excomulgado, administró un floreciente negocio de recuas de mulas para subir mercancía a Bogotá. Fue el mismo negocio que hizo ricos a don Silvestre Samper Uribe y a don Pedro A. López, quien después sería el primer gran banquero del país, así como padre del presidente Alfonso López Pumarejo. Claro está que las habladurías siempre afirmaron que don Pedro había amasado su fortuna mucho menos gracias a las mulas que a haber encontrado un tesoro.

Cambiemos ahora de escenario. El general Pedro *Perucho* Figueredo, uno de los héroes nacionales de Cuba, nació en 1819 en Bayamo, la misma ciudad colonial, de apenas diez mil habitantes, que fuera cuna de don Manuel del Socorro Rodríguez, legendario fundador del periodismo colombiano y primer bibliotecario del país. Los Figueredo vivían en un ambiente literario y aristocrático y solían educar a sus hijos en Europa. En 1867, Perucho integró un célebre comité revolucionario, destinado a respaldar a Carlos Manuel de Céspedes en la lucha por la independencia de la nación; fue en la llamada "guerra Chiquita", la de los Diez años. Como era músico y poeta, basado en el *Don Giovanni* de Mozart compuso *La bayamesa*, que habría de convertirse en el himno nacional de Cuba: "Al combate corred bayameses / Que la patria os contempla orgullosa...".

El 10 de abril de 1869, en Guáimaro se estableció la República de Armas de Cuba y dictaron una constitución. A Perucho lo nombraron subsecretario del Ministerio de Guerra, con el grado de general. Entonces empezó a moverse por las sierras. Estuvo fugitivo durante un año, al cabo del cual le vino una fiebre tifoidea. Tenía completamente destrozados los zapatos y llagados y ulcerados los pies de tanto caminar. Como quedara completamente inmovilizado en una hamaca, le exigió a su asistente de confianza que lo matara porque no quería caer en poder de los españoles. El peón, pese a que era extraordinariamente fiel, no se sintió capaz de hacerlo y Perucho fue capturado. De inmediato lo llevaron a Santiago de Cuba, lo enjuiciaron y lo sentenciaron a morir fusilado. Para escarnecerlo, sus captores lo montaron sobre un burro. Perucho se volvió y le dijo al jefe del pelotón: "No será el primer redentor que cabalga sobre un asno". Todo el mundo en Cuba conoce la historia de Perucho Figueredo. Siempre que Germán Arciniegas viajó a la isla y contó a sus anfitriones que era descendiente de Perucho, la gente le abrió las puertas, diciéndole:

"Si usted viviera en Cuba podría perfectamente ser presidente de la República".

La hija de Perucho Figueredo tenía un nombre bellísimo, María de la Luz, y nació también en Bayamo. El ingeniero Basilio Angueyra se casó con María de la Luz y fue a parar a Colombia, junto con su padre, el ingeniero Francisco María Angueyra, para trabajar con el ingeniero Francisco Javier Cisneros. El gobierno colombiano, en una de esas rarísimas medidas en favor de la inmigración que alguna vez se hayan tomado, anunció una donación como auxilios de marcha a los emigrados cubanos que quisieran radicarse en el país. La pareja que formaban Basilio y María de la Luz partió de los Estados Unidos; llegaron a Barranquilla con catorce pesos en el bolsillo por todo capital y aún les faltaba pagar el pasaje del vaporcito del puerto, los derechos de aduana del equipaje y un pasaje en un ferrocarril de dos leguas. Como era de esperarse, los emigrados esperaron varios días en el puerto la llegada del prometido auxilio del Gobierno. Basilio no encontró el apoyo ni la solidaridad de sus coterráneos ya radicados en Barranquilla, pero tuvo suerte al hallar a un antiguo discípulo, que era capitán de un barco del río Magdalena, quien primero lo llevó hasta Gamarra para tratar de agilizar el pago del auxilio y finalmente accedió a llevarlo hasta Honda.

Una tarde, mientras los pasajeros hacían la siesta, Basilio, desde el puente de la embarcación, se puso a contemplar el paisaje tropical y en eso tuvo una fatídica visión que le amargó el resto de su exploración. Vio cómo su hijita mayor, Aurora, moría sobre sus piernas y luego, vestida de blanco y con una corona de azahares colocada sobre su cabeza, tenía que arrojarla al río. Esta premonición lo golpeó profundamente. Y precisamente durante el viaje las fiebres del trópico atacaron a Aurora y Basilio tuvo que ver con terror cómo su sueño se hacía realidad y la niña moría tras penosa agonía y su pequeño cuerpo tenía que ser arrojado a las aguas del río.

Los azares de la vida llevaron a la familia a Tunja, donde el Estado de Boyacá había ofrecido un trabajo a Francisco María. Se trataba de construir la carretera de Tunja hasta Ventaquemada, primer paso para unir la ciudad a la capital, Bogotá. Al mismo tiempo, a su hijo Basilio se le encargó construir un desagüe de la laguna de Tota. Basilio aconsejó abrir un túnel en el Boquerón de Cuítiva, de doscientos metros de longitud, para encauzar las aguas por el río Iza y favorecer así al valle de Sogamoso. Luego ambos ingenieros, padre e hijo, tendrían otros trabajos en la región, entre ellos la remodelación del Puente de Boyacá, escenario de la batalla que selló en 1819 la independencia de la nación colombiana.

En Tunja nació Josefa Aurora, hija de Basilio y futura madre de Germán Arciniegas. En 1882 la familia Angueyra Figueredo tuvo que trasladarse a terrenos malsanos en el hoy municipio de Pauna, en el Territorio Vásquez, en el Magdalena Medio. Un día Basilio se levantó de la cama pensando que seguía dormido, pero pronto se dio cuenta de que lo que estaba era ciego. Las obras que adelantaba debieron suspenderse y el gobierno de Bogotá nunca volvió a pagar ni siquiera a los obreros, aduciendo que Basilio Angueyra se estaba haciendo el ciego. Tuvo que vender todos sus bienes y murió en la mayor pobreza. Lo increíble es que, aun así, se las arregló para nivelar la Plaza de Tunja y para inventar una serie de armas de fuego. En 1892 la familia de Basilio se trasladó a Bogotá. El infatigable ingeniero ciego no se iba a detener. Tenía la energía que heredaría su nieto. Durante sus últimos años emprendió la constitución de una sociedad dedicada a buscar tesoros, guacas y sepulturas de indios.

Nació Germán Arciniegas el 6 de diciembre de 1900 en zona rural, en una carretera de arena que unía las poblaciones de Bogotá y Chapinero. Bogotá terminaba en la calle 24, limitada por la hondonada del río, un camellón por donde hoy corre la calle 26, que ya iba hasta el cementerio, en el extremo noroccidental de la villa. Era la "casita Girardot", en la carrera 13, frente a donde funcionó durante muchos años la embajada de los Estados Unidos. En la casa se habían refugiado los presos liberales de la Guerra de los Mil Días que escaparon del Panóptico por una alcantarilla, entre ellos don Foción Soto, cuya barriga monumental casi frustra su fuga cuando se quedó trabado en el hueco.

Por entonces la guerra era, como bien la describió Alberto Lleras, una gran diversión, una fiesta, el sublime deporte del pueblo, secularmente aburrido de vivir entre la pobreza y el pecado. El país llevaba un año de la célebre Guerra de los Mil Días, que costaría cien mil vidas, una quinta parte de sus hombres jóvenes. Hay quienes afirman que esa guerra no ha terminado aún y que mejor debería llamarse Guerra de los Cien Mil Días. En una sola batalla, la de Palonegro, cerca de Bucaramanga, murieron más de siete mil y quedó para la

Luis H. Aristizábal

posteridad un macabro monumento erigido por manos anónimas: un desierto sembrado de pirámides de calaveras. Lo más extraño de esta no menos extraña guerra es que a pesar de que fue ganada por el partido de gobierno, el Conservador, la historia sólo recuerda los nombres de los máximos jefes del ejército perdedor: Benjamín Herrera y Rafael Uribe Uribe. En medio de la masacre y sumido en la distracción general, el país se preparaba para perder además el departamento de Panamá, arrebatado por los Estados Unidos. Los periódicos anunciaban diariamente la emulsión de Scott. No existía la aspirina; el cólico miserere, o sea, la apendicitis aguda, era tratado con agüita de toronjil y la gente leía con avidez el almanaque Bristol.

Desde muy pequeño, el niño supo lo que era la política. Todo en su casa respiraba política. Pero también cultura. Por aquel entonces, los presidentes de Colombia eran casi invariablemente intelectuales reputados y escritores de cierto talento, lo que llevó al mismo Alberto Lleras a decir que la poesía era el primer escalón de la vida pública y que se podía llegar a la Presidencia por "una escalera de alejandrinos pareados". El Partido Conservador dependía de ese despotismo ilustrado, lo único ilustrado en un país de analfabetas y de demagogos anticlericales. Pero el nuevo Presidente no era hombre de gran cultura. Rafael Reyes, general boyacense, era un aventurero, como el Presidente de los Estados Unidos, Theodore Roosevelt, aunque se consideraba discípulo de Benjamin Franklin.

La lectura que me influyó, casi formativamente en mi vida, fue el almanaque Bristol.

Se internó diez años en las selvas, redescubrió el río Putumayo y estableció su navegación a vapor. Se le acusaba de haber esclavizado y asesinado a miles de indios y de haber abierto las puertas al genocidio practicado años después a escala industrial en la selva amazónica por la tristemente célebre Casa Arana, denunciada en la novela *La vorágine*, de José Eustasio Rivera. Se decía que había obtenido la Presidencia mediante un fraude, al ganar por sólo doce votos a su contrincante Joaquín Fernando Vélez, todos en el colegio electoral de la misma provincia. Se le tachó de dictador. Para el historiador conservador Eduardo Lemaitre, el gobierno de Reyes fue, sí, una dictadura, pero una dictadura paternal, que alguien llegó a calificar de "dictablanda", basada en los principios esbozados en *El príncipe cristiano*, de Saavedra Fajardo. Germán Arciniegas diría que el de Reyes fue un gobierno después muy alabado, pero en su tiempo muy temido. Reyes tenía la obsesión del progreso. Los intelectuales lo ridiculizaban. Había desterrado a Orocué, en los Llanos Orientales, a sus principales enemigos políticos, entre ellos al futuro presidente Abadía Méndez. El 10 de febrero de 1906, en el camino a Chapinero, en el sitio llamado Barrocolorado, donde hoy está la Universidad Javeriana, hubo un atentado contra la vida del presidente. El humor bogotano del escritor Álvaro Salom Becerra lo explica así: "Lo que pasó —como dijo el coronel a sus amigos, días después, en la tertulia de la Botella de Oro— fue que en la conspiración contra Julio César intervino un Bruto y en la conspiración contra el general Reyes ¡intervinieron cuatro!... ¡Naturalmente, la cosa tenía que fracasar...!".

La versión de Vargas Vila es un tanto diferente: "Cuatro campesinos ebrios insultaron al dictador, que iba en coche, por las afueras de la capital; el edecán, que acompañaba a Reyes, disparó sobre ellos su revólver; los ebrios, dispararon los suyos y huyeron... nadie fue herido; el dictador, ileso, entró en su palacio, dispuesto a dar a ese hecho la magnitud de un acontecimiento".

Los presuntos asesinos fueron fusilados. Fueron los últimos a quienes se aplicó la pena de muerte en Colombia en el siglo XX. La sensación de injusticia que dejó en el público el hecho hizo que desde 1910 un acto legislativo declarara que en adelante no habría pena de muerte en Colombia.

Los hogares liberales durante la infancia de Germán Arciniegas eran furiosamente anticlericales. En especial hubo un hecho que desató sus iras. Ya en 1898 el papa León XIII había declarado que cuatro grandes movimientos, liberalismo, naturalismo, socialismo y racionalismo, perjudicaban y amenazaban a la fe católica. Entonces no es de extrañar que en un documento de escándalo, en 1908, el beato, hoy en proceso de santificación, Ezequiel Moreno, hiciera esta declaración:

> El liberalismo ha ganado lo indecible, y esta espantosa realidad proclama, con tristísima evidencia, el más completo fracaso de la pretendida concordia entre los que aman el altar y los que abominan el altar, entre los católicos (es decir conservadores) y liberales (es decir ateos). Confieso una vez más que el liberalismo es pecado, enemigo fatal de la Iglesia y del reinado de Jesucristo y ruina de los

pueblos y naciones; y queriendo enseñar esto, aún después de muerto, deseo que en el salón donde se exponga mi cadáver, y aún en el templo durante las exequias, se ponga a la vista de todos un cartel grande que diga: EL LIBERALISMO ES PECADO.

Los liberales replicaron con un folleto de Uribe Uribe, pero la hoguera, en todo caso, estaba encendida. Por los días de la primera comunión de Germán Arciniegas eran fuertes y frecuentes las batallas campales entre los estudiantes de la Republicana, que dirigía el doctor Antonio José Iregui, y los del San Bartolomé, de los jesuitas.

A Reyes lo tumbó, irónicamente, la separación de Panamá, que había ocurrido en 1903, durante el gobierno de su predecesor, don José Manuel Marroquín. Como estimaba con algún tino que meter al país en una guerra contra los Estados Unidos no sería solamente inútil, sino un despropósito y fuente de mayores humillaciones, quiso arreglar por la vía diplomática una buena indemnización. La sola posibilidad de que esos tratados fueran aprobados provocó en marzo de 1909 violentos disturbios en Bogotá que obligaron a Reyes a apartarse temporalmente del gobierno. Poco después, en junio, abandonó furtivamente la ciudad. Los asistentes a un banquete que le daban en Santa Marta supieron con asombro que el presidente nunca llegaría y que se había embarcado a toda prisa en un vapor, rumbo a Europa. El futuro presidente Carlos E. Restrepo lo calificó bien: No se trató de un golpe de cuartel, sino de un golpe de opinión. Paradójicamente las indemnizaciones llegaron, gracias al presidente Taft, enemigo jurado

Luis H. Aristizábal

de Roosevelt, a quien el episodio de Panamá parece haberle costado la reelección en 1911, y a la política de apaciguamiento mundial de Woodrow Wilson, quien ordenó pagar a Colombia veinte millones de dólares tras el Tratado Urrutia-Thompson de 1914. Puede decirse que hasta 1925 todo en el país giró alrededor de este tema. En cualquier caso, es digna de mención la respuesta que dio el nuevo presidente Carlos E. Restrepo, en 1912, al embajador de Estados Unidos: "El presidente Roosevelt nos arrebató ya la parte más valiosa de nuestro territorio... y ahora se le envía a usted para llevarse nuestras islas y la única ruta del canal que nos queda. ¿Hay algo más que desee quitarnos el coloso del Norte?".

Antioqueño bonachón, Carlos E. Restrepo decía que lo peor de la pobreza es que lo coge a uno siempre sin plata. Igualmente, reconocía que no estaba bien para el país que alguien como él mismo comenzara su carrera pública con el cargo de presidente. Entretanto Reyes, escapado del país, había llegado a Hamburgo. Luego estuvo en París y en Lausana, y finalmente se estableció en Madrid, donde empezó a intrigar para ser nombrado representante de Colombia para el centenario de la independencia, a lo que Restrepo envió un telegrama al embajador en España: "Nombrado Hernando Holguín y Caro. Tendremos en cuenta general Reyes para próximo centenario".

Mil novecientos diez fue el año del centenario de la declaración de independencia. También el año del cometa Halley. El pequeño Germán lo descubrió cerca de la población de Villeta. La deslumbrante visión ocupaba una cuarta parte del firmamento. El niño Germán Arciniegas redactaba sus primeros versos y una novela de caballería por entregas, compuesta después de haber leído *El Quijote*.

La del Centenario fue la generación de los fundadores de *El Tiempo*. Don Alfonso Villegas Restrepo, lector de Quevedo, de Wilde, de Anatole France y de Eça de Queiroz, fundó por esos días, junto a su joven socio Eduardo Santos, un periódico de ideas liberales, *El Tiempo*, que sería el centro de gravitación del periodismo colombiano durante todo el resto del siglo. *El Tiempo* se opondría al *Nuevo Tiempo*, del poeta Ismael Enrique Arciniegas —quien, por cierto, no tenía ningún vínculo familiar con Germán—, que paradójicamente representaba lo viejo, la tradición conservadora, el imperio clerical.

Bogotá no llegaba a los ciento veinte mil habitantes. La casa más alta, la de Zalamea Hermanos, que ha sido recreada por Luis Zalamea —con la asesoría de Germán Arciniegas— en su hermosa novela *Las guerras de la champaña*, estaba en el costado norte de la plaza, que sería escenario del crimen más horrible de esos días, cuando el general liberal Rafael Uribe Uribe fue asesinado en las escaleras del Capitolio Nacional en 1914 por dos obreros resentidos.

Bogotá era helada. En los solares de las casas había albercas en las que las sirvientas rompían el hielo todos los días para bañarse a las cinco de la mañana. Desde luego, no había duchas, sino totumas. Todo en 1910 era importado. No obstante, la ciudad, demasiado aldea como para montar una Exposición Universal, se las arregló para hacer al menos una Gran Exposición Nacional en un sitio adecuado para el efecto en el

Luis H. Aristizábal

parque de la Independencia. Una de las novedades era la presentación de unas pequeñitas burbujas mágicas de vidrio con un filamento de carbón adentro que se llamaban bombillos y que apenas reflejaban una pobre luz anaranjada que daba a los edificios de la exposición un aspecto fantástico. Estos artefactos habían sido inventados por el americano Thomas Alva Edison y se decía que ya alumbraban a toda Nueva York. Era una época prodigiosa. Llegó el telégrafo, que permitía enviar mensajes escritos a distancias enormes sin columnas de humo. Llegó el teléfono, que permitía escuchar la voz de otra persona en menos de cinco segundos, desde lugares tan distantes como Chapinero. Llegó el fonógrafo, más impresionante aún, pues permitía grabar la voz de una persona y escucharla luego, como en un milagro. Pero aquello era sólo el principio. De la fotografía dizque habían pasado en Francia directamente a las imágenes en movimiento sobre una pantalla. Pero, además, el invento reciente del motor de explosión traía al mismo tiempo a la humanidad máquinas tan importantes como el automóvil y el avión, así como bombas de extracción de agua. Ernesto Duperly, tío de Arciniegas, hizo agolparse a la ciudad entera en la Calle Real para ver desfilar los primeros cuatro automóviles llegados al país. Duperly, todo un personaje de la historia bogotana, espiritista y esotérico, mostró las primeras máquinas de retratar Kodak, los primeros gramófonos, las primeras motocicletas, los primeros traganíqueles y las primeras pianolas. Y así, mientras los colombianos se divertían en Bogotá con la exposición de tantas cosas notables, según contaba el propio Arciniegas, una compañía inglesa desecaba la laguna de Guatavita en busca del famoso tesoro de El Dorado. Y si lo encontraron, nunca lo dijeron.

Otra de las novedades era que había llegado al transporte público el tranvía eléctrico, que hasta entonces había sido de mulas. Los primeros tranvías eran destapados y, evidentemente, no habían sido inventados para una ciudad tan fría como Bogotá. Aparte de eso, sus bocinas hacían un estruendo espantoso, tanto que siempre Germán Arciniegas identificó los enormes ruidos del siglo xx con ellas. Antes de 1910 pocos eran los que tenían lentes y pocos los sordos, tanto que todavía en los años setenta alguien como Roberto Urdaneta Arbeláez podía pasar a la historia con el remoquete de *el Sordo*. Sólo a mediados de siglo el alcalde Nemesio Camacho pondría en funcionamiento los tranvías cubiertos, que fueron apodados "nemesias" por los bogotanos. Pero no fue mucho lo que duraron en servicio, pues en el infausto 9 de abril de 1948 fueron quemados todos y destrozada la red de rieles.

En 1912, nos cuentan las crónicas, la mitad de los niños nacidos en Bogotá eran hijos naturales. Toda la prensa de la época hablaba de la fetidez de las calles bogotanas. Las gentes morían de hambre en plazas y caminos y el país estaba lleno de leprosos. Para completar la desgracia, una invasión de langostas devastó los cultivos del país antes de terminar la presidencia del general Reyes. En febrero de 1914 los colombianos votaban por primera vez para una elección presidencial directa después de casi sesenta años.

Luis H. Aristizábal

Un estudiante entusiasta y revoltoso

Sus padres pusieron a estudiar a Germán, o **Man**, como le decían sus hermanas, en la Escuela Nacional de Comercio. En 1917 terminó allí su bachillerato, no sin antes publicar sus dos primeros periódicos, *Año Quinto* y *Voz de la Juventud*. En el primer editorial del segundo propuso la creación de una federación de estudiantes. El rector, doctor Wickman, decidió expulsarlo, aunque días después reflexionó, acaso impulsado por la voz que le llegó de que existía un pacto entre los estudiantes para prenderle fuego a la escuela como represalia. El castigo se limitó entonces a desplazarlo de la dirección del periódico.

> Desde los tiempos de bachillerato fui siempre eso: un entusiasta.

Buen estudiante, mal esclavo, es notable su repudio por lo que llamaban "cinco en conducta", que no era otra cosa que "hacer del estudiante un mozo servil y no un estudioso". El joven Germán sólo respondía a los estímulos intelectuales, jamás a la arbitrariedad de los malos profesores.

En el Colegio de Ramírez, *Voz de la Juventud* tuvo gran eco, en especial en el poeta vicerrector, que se llamaba Felipe Lleras Camargo, hermano mayor del futuro presidente. En *Voz de la Juventud* publicaron sus primeros poemas dos hermanos, León y Otto de Greiff, que acababan de llegar de Medellín a Bogotá. Igualmente, lo primero que escribió Alberto Lleras Camargo lo hizo en las publicaciones de Arciniegas. Así, antes de terminar el bachillerato, Germán era ya un periodista y editor conocido en el mundo intelectual bogotano.

Su padre se empeñó en que estudiara Derecho. Decía que era mucho más fácil retener una fortuna que hacerla, que para poder retenerla había que saber defenderla, y que para ello tenía uno que estudiar Derecho. Al joven estudiante no le tentaba en absoluto semejante perspectiva, pero en aquella época la jurídica era la carrera de más fácil acceso. De modo que a comienzos de 1918 entró a estudiar ciencias jurídicas en la Universidad Nacional. Muy pronto fue nombrado rector un completo desconocido, el doctor Alejandro Motta. Había un grupo de agitadores estudiantiles, que se autodenominaban "los precoces" y se reunían a conspirar en casa de la familia Camacho Carreño: Nicolás Llinás, Augusto Ramírez Moreno, Hernando de la Calle, José Camacho Carreño y Germán Arciniegas. Este último compró una hoja de papel sellado en la cual los cinco precoces y ocho estudiantes más firmaron un compromiso de no volver a asistir a clase hasta que nombraran otro rector. Lo que los estudiantes ignoraban era que el rector era presidente de la Corte Suprema de Justicia, como amablemente les explicó a los revoltosos el propio presidente de la República, que tuvo la deferencia de recibirlos en Palacio para darles la noticia de la renuncia irrevocable del recién nombrado.

Entre 1918 y 1919 fue el año de la gripa. "Una epidemia tremenda en que moría la gente como moscas en la calle". En sólo diez días hubo mil doscientos muertos en Bogotá. Tan grave fue la cosa que la universidad cerró y se decidió calificar a los estudiantes por asistencia, cuando no por simple color político. Así, mientras todos aquellos que no asistían a clase sacaban cinco, Arciniegas apenas obtenía modestos cuatros. Las calles estaban vacías. Arciniegas decidió salir a disfrutar la Plaza de Bolívar en solitario; sabía que era una oportunidad única y dejó un relato extraordinario del momento.

También fue el año en el que se acabó la guerra más mortífera de toda la historia. Los cálculos sólo fueron hechos muchos años después, pero el veredicto era inapelable: la epidemia de influenza había matado a más gente que la guerra entera.

En ese mismo año se constituyó en Medellín la Compañía Colombiana de Navegación Aérea, gerenciada por don Guillermo Echavarría Misas y casi al mismo tiempo se creaba en Barranquilla la Sociedad Colombo Alemana de Transporte Aéreo, Scadta, que con los años se convertiría en Avianca. Eran las dos primeras líneas aéreas de toda América. Ya en 1922 el joven Arciniegas y otros estudiantes tuvieron el curioso privilegio de sobrevolar la ciudad de Medellín. Entonces al bogotano se le ocurrió hacer algo inusitado y novedoso y tomó las primeras fotografías aéreas de la plaza de la ciudad.

El furor que causó la navegación aérea fue inmenso. El país conoció héroes en pilotos como el alemán Herbert Boy. Así, se vería literalmente el "lanzamiento" en 1923 de la novela *Lilith* de Emilio Cuervo Márquez, que se hizo sobre las calles de Barranquilla desde un hidroavión, arrojando ejemplares desde la cabina. Pero lo que ha podido ser una empresa legendaria no pasó de ser una empresa pionera. Los alemanes no pusieron tanto empeño en el desarrollo de la aviación en Colombia como los franceses en el sur del continente. Colombia se perdió de una empresa como la mítica Aeropostal, que el aviador Jean Mermoz intentó implantar en Bogotá, pero que fue rechazada por el Gobierno en favor de los alemanes.

En marzo de 1920, una de las más grandes personalidades de la literatura mexicana de todos los tiempos, el poeta Carlos Pellicer, llegaba a Bogotá como agregado de la legación ante el gobierno colombiano. Esto hacía parte del plan trazado por José Vasconcelos, consistente en nombrar a un estudiante como agregado cultural de cada embajada mexicana. Venía de un país que estaba en pleno apogeo de su revolución y una de sus principales ideas, y no lo ocultaba, era agitar a los estudiantes colombianos con miras a extender el germen revolucionario. Desde el momento mismo de su llegada, Pellicer y Germán Arciniegas trabaron una amistad que duraría hasta la muerte del poeta, en 1977. Quizás se atrajeran porque ambos eran provocadores. El mexicano era un escandaloso, y lo hacía de manera muy teatral. El hecho es que en la Bogotá de 1920 la figura de este poeta extraño no caía bien. No le soportaban ni el acento ni las corbatas de seda, anchísimas y de colores. Pellicer era católico, pero sólo iba a misa cuando la gente pudiera verlo. A pesar de ser tan controvertido, hizo muchos amigos en Colombia. Todos sus compañeros en el Colegio del Rosario eran fanáticos suyos. Con Arciniegas acordó instalar una asamblea de estudiantes colombianos. Para la sesión inaugural, algunos de ellos decidieron declarar persona non grata a Pellicer e impedirle la entrada. Fue la indig-

> Procuro reservarme el derecho de pensar, que es un derecho que no se reconoce comúnmente.

nación más grande de toda la vida de Arciniegas. Hasta lloró. Cosa que nunca volvió a hacer... al menos de rabia.

Pellicer inició a los colombianos en muchos asuntos y dejó el país poblado de recuerdos. Les hablaba de cosas que aquí no conocían, como la arquitectura maya, el calendario azteca, la *Victoria de Samotracia*. A su regreso a México publicó su primer libro de versos: *Colores del mar*. Buena parte de él fue escrito en Bogotá y en Tunja. Tiene, entre otras, un canto bellísimo a la laguna de Tota y al pueblito de Iza: "Si hundiera mis manos en el agua / me quedarían azules para siempre...".

A los diecinueve años, el joven Germán viajó al Tolima, tierra de sus ancestros. En el río Saldaña el boga comenzó a recitar unos sonetos extraordinarios que Arciniegas nunca había oído, aprendidos de memoria oyéndoselos a su autor, un abogado, en el billar de Neiva. Se trataba de los sonetos de *Tierra de promisión*, de José Eustasio Rivera, quien pronto iba a escribir la mejor novela latinoamericana de su tiempo, *La vorágine*, antes de morir sorpresivamente en Nueva York en 1928. No es de extrañar que el ambiente poético de sus días llevara al joven admirador de Rivera, del desabrochado poeta cartagenero Luis Carlos López, de León de Greiff y de Carlos Pellicer a su primer intento de entrar al Parnaso. Se llamó *Harmonías esfumadas*, así, con *h*. Sus hermanas armaron doce ejemplares del librito, que fue exhibido en la librería que Gustavo Santos Montejo, hermano de Eduardo, tenía en la calle de Florián, carrera 8ª, entre calles 11 y 12. Después de ocho días en vitrina sin vender un solo ejemplar, Germán los recogió y regaló a sus mejores amigos.

Los ecos greiffianos eran evidentes, en "Meditaciones en el W. C." así como en "A la pianola": "Oh dulcísima pianola / Cola / Del piano. / Que en el café destaque / El nervio de tu matraca, / Tu divino triquitraque...".

Al menos dos notas críticas mereció el libro: la primera se debió al banquero Juan Salgar Martín y, entre otras cosas, decía: "Aquí se tiene un libro en que uno no sabe si está leyendo la obra de un genio o de un loco; no se sabe si se trata de un émulo de Rubén Darío o de un sucesor de Cuchuco". Este último era un loco bogotano que tenía un extraño parecido físico con Sócrates y con Platón. La segunda, muy elogiosa, ni más ni menos que del "sabio catalán", don Ramón Vinyes, padre del Grupo de Barranquilla, del cual surgió García Márquez, apareció en su revista *Voces*, en Barranquilla.

Dice Juan Gustavo Cobo Borda que toda revista es una forma elegante de conspirar. Ya por 1921 el joven estudiante y periodista Germán Arciniegas era conocido también por ser el más grande agitador universitario y fundador de la primera federación de estudiantes. Sin darse respiro se lanzó al ruedo con su siguiente revista: *Universidad*, impresa en la Editorial Minerva, cuyo dueño era el padre del periodista Arturo Abella y en la cual publicaba sus libros el caudillo conservador Laureano Gómez.

El primer número estaba adornado por una excelente caricatura de Ricardo Rendón, una de las figuras sobresalientes del mundo intelectual. El joven editor tuvo que pagarle cinco pesos por ella, pero valía la pena. A Rendón, que habría de quitarse la vida en octubre de 1931, la historia lo recordará sin saberlo en el dibujo de la cajetilla de los cigarrillos Pielroja. Y aunque la calidad de la edición dejaba mucho que desear, pese a que el joven editor puso en ella todos los ahorros paternos, el contenido de la revista era más que notable... Allí aparecieron las *Prosas de Gaspar* y los *Rondeles* de León de Greiff, al lado de poemas de otros jóvenes talentos: Carlos Lleras Restrepo, Rafael Maya, José Umaña Bernal, Jorge Zalamea, Luis López de Mesa... Este último era el que más emocionaba al editor, pues era como si se dignara bajar del altísimo Olimpo desde el que miraba con desprecio y cierta indulgencia a los pobres mortales de abajo. Tenía cosas divertidísimas. Al editor le daba un poco de risa, pero le inspiraba un gran respeto. Por ejemplo, en 1915, Clímaco Soto Borda había publicado su novela *Diana cazadora*, que tenía uno de los comienzos más memorables de toda la literatura colombiana: "Serían las seis y media cuando empezaron a sonar las seis en los campanarios". López de Mesa publicó entonces una novela, *Iola*, cuya primera frase pretendía competir en ingenio y originalidad con la de *Diana cazadora*: "Dios tuvo la amabilidad de hacerme a mí varón...".

En *Universidad*, Arciniegas se dio el lujo de convocar la primera huelga estudiantil que se recuerde en el país. La revista tuvo otra virtud: introdujo a su autor en la vida de los cafés bogotanos. Al no tener mejor sitio de reunión para trabajar en ella, en el Café Windsor se citaban todos sus colaboradores.

Ángela Rivas Gamboa nos cuenta que desde finales del siglo XIX había en la capital colombiana uno que otro café, imitación criolla de los tertuliaderos y restaurantes europeos. El más concurrido solía ser el Windsor. Situado en la calle 13 con carrera 7ª, en los bajos del hotel Franklin, donde falleció el general Benjamín Herrera, este café se hallaba a mitad de camino entre las oficinas de los principales diarios y los directorios políticos, y rodeado por los más importantes centros de enseñanza superior y las mejores librerías de la ciudad. Poco a poco se convirtió en el sitio de reunión de los intelectuales. Algunos de sus habituales eran, además de los ya nombrados "precoces", el caricaturista Ricardo Rendón, el periodista Luis Tejada, el político liberal Jorge Eliécer Gaitán, los escritores Silvio Villegas, Felipe y Alberto Lleras Camargo, los poetas León de Greiff y Rafael Maya, el abogado Carlos Lozano y Lozano. El único de ellos que al parecer mantenía dinero en los bolsillos era Gaitán. El más elegante y apuesto era Felipe Lleras. El más inteligente, Alberto Lleras, pero era demasiado bohemio, en el mejor estilo de los poetas malditos franceses, aunque detestaba la vida de bohemia nacional, a la que calificaba de "crápula".

Lo del Windsor —recordará Arciniegas— no se repetirá jamás. No tiene nada que ver con los cafés de París o de Viena. Es el café de los hombres solos, que no se quitan el sombrero y recitan sonetos, consumiendo tinto o sifón, mientras en la calle rueda el tranvía de mulas y, para no romper la costumbre bogotana, llueve a cántaros y se muere uno de frío.

La mente de Germán Arciniegas no podía estarse quieta. Así, se le ocurrió que nombraran y coronaran cada año a un "maestro de la juventud". El primero fue su antiguo profesor de química, Francisco Montoya, al que dedicaron un número especial de *Universidad*.

> Lo más importante en el hombre es la capacidad de dudar.

Para el segundo miraron más lejos. La elección marcaría para siempre el destino de Arciniegas: escogieron al mexicano José Vasconcelos, escritor de primerísima línea, filósofo orientalista y compañero de andanzas de Pancho Villa. Carlos Lleras Restrepo recuerda que Vasconcelos era para los estudiantes el símbolo de un hermoso movimiento, por lo que despertó en ellos un verdadero culto, debido, sobre todo, a su empeño por difundir la cultura entre las masas. Hubo encendidos discursos en favor y en contra del nombramiento. El propio Vasconcelos envió una carta a Arciniegas, que éste convirtió en manifiesto.

Hijo natural de una humilde lavandera y de un señor de apellido Barrientos, de Medellín, Marco Fidel Suárez encarnó como nadie la figura de la gente humilde que con esfuerzo inmenso asciende hasta la Presidencia de la República. Se dice que los gestores de ese milagro fueron los jesuitas. Las madres antioqueñas contaban que el niño, nacido en el pueblito de Bello, no pudo asistir a la escuela, pero que, no obstante, lo hacía desde afuera, a través de una ventana, y que tomaba apuntes en cuanto papel de envolver mercancía encontrara a mano.

Los estudiantes de entonces le tenían mucha confianza a los presidentes, pero especialmente a don Marco. Todos los días salía a las once y treinta del Palacio y se iba para su casa, en el Camellón de los Carneros, actual calle 15 con carrera 10^a, a almorzar. Lo hacía a pie o en tranvía, como cualquier parroquiano. Tomaba la carrera 8^a al norte, bajaba por la calle 9ª hasta la carrera 10ª y doblaba por esta hacia la plaza de mercado, entre calles 10 y 11. Allí compraba aguacates, y conversaba con la gente mientras en una libretica iba tomando apuntes sobre las palabras y frases populares que escuchaba. Luego entraba en una tiendita, se tomaba un trago de aguardiente y seguía para su casa. Con esas palabras que escuchaba iba armando sus *Sueños de Luciano Pulgar*, el libro más voluminoso y menos leído de la historia de la literatura colombiana. Lo curioso, según Arciniegas, es que gracias a don Marco se conservaron y popularizaron insultos como el de aquella revendedora a otra: "Usted es una culipronta".

Cuenta Germán Arciniegas, a propósito de la sabiduría idiomática de Suárez, un jocoso incidente. Una mañana el Presidente, muy enfadado, mandó llevar a Palacio al joven director de *El Tiempo*, Eduardo Santos. El diálogo fue el siguiente:

—Dígame por qué usted me ha dicho en un artículo de hoy que soy un perro.

El doctor Santos se disculpó no sin afirmar que en ninguna parte había dicho tal cosa.

Don Marco tomó el periódico y leyó en voz alta: "El Presidente es un cínico". Lleno de rabia lo retó como para que se fueran a las manos. Eduardo Santos no sabía qué hacer. Entonces don Marco explicó:

—*Cínico*, viene del griego *kynos*, que significa perro. Usted me ha tratado de perro...

Santos, que era hombre de paz como pocos en Colombia, supo calmar los ánimos y salir airoso de tan enciclopédica contienda.

Suárez era fustigado con dureza por Enrique Santos, *Calibán*, el periodista más influyente del siglo XX colombiano: lo acusaba de improbidad, intolerancia y peculado. El grupo de "los precoces" asistía regularmente a las barras en el Senado de la República. Allí los tomó por sorpresa el discurso inesperado y fulminante con el cual Laureano Gómez obtuvo la cabeza del Presidente. Fue en octubre de 1921. Laureano denunció que don Marco le estaba vendiendo su sueldo a un banco extranjero. Simplemente lo agarró a mansalva y el otro, poco ducho en ese tipo de ataques, perdió la cabeza a pesar de los esfuerzos que hizo el hábil ministro de gobierno, Aristóbulo Archila, por salir al quite. Su defensa fue precipitada y balbuceante. Don Marco declaró que simplemente había prestado una suma de dinero a un banco y que como era pobre lo había necesitado y pedido su devolución. El hecho es que la gente nunca supo para qué había prestado Suárez dos mil pesos al Banco Mercantil Americano, cuyo gerente era Alfonso López Pumarejo. Al parecer se trató de un acto de nobleza para sacar de un apuro a su ministro de guerra Isaías Luján. Lo cierto es que un préstamo de un presidente conservador a un futuro presidente liberal sería uno de los motivos profundos del fin de la hegemonía conservadora en el país. A Suárez lo reemplazó Jorge Holguín. Luis Zalamea retrata a este como un aristócrata bogotano con cara de bobo, pero político astuto. Su frase más memorable lo pinta de cuerpo entero: "Fuera de Bogotá todos los hispanoamericanos hablan como costeños".

Y como al caído hay que caerle, tanto Laureano Gómez, que lo tumbó, como Alfonso López, el que recibió el préstamo, comenzaron al unísono a llamar a don Marco "el Presidente paria". El pobre hombre se dedicó a escribir artículos defendiendo su gestión. En un acto sin precedentes, que no honra a ninguno de los dos, López y Gómez decidieron hacerle una chanza de mal gusto y robarle un artículo que por casualidad conocieron antes de ser publicado. Los dos grandes hombres de los partidos tradicionales se tomaron la molestia de viajar hasta una notaría en Chía, donde protocolizaron el artículo como propio y lo publicaron en el periódico de López.

El mejor amigo de Germán en la Universidad fue Augusto Ramírez Moreno, tanto que sólo atendía a clase cuando Ramírez no estaba a su lado. Se sentaban siempre juntos y se divertían en clase, haciendo versos, en especial en la de Derecho romano, a la que consideraban catastrófica. Pero no era la única: la mayor parte de las clases eran aburridas. El peor de los profesores, al decir de Arciniegas, era el doctor Holguín y Caro, que dictaba Filosofía del Derecho. Cuando pasaba lista unos decían "aquí" y otros "presente", porque algunos que no iban a clase encargaban a los otros que contestaran por ellos. Arciniegas copiaba sus conferencias, las sacaba en limpio y después las vendía. El doctor Holguín y Caro leía la clase a partir de las cuatro; al llegar las cinco miraba el reloj, suspendía y salía en punto. Al día siguiente comenzaba "en minúscula", es decir donde iba, y no hacía sino leer lo más aburrido que se ha escrito en el mundo.

Y ni hablar del tedio de dormitorio que tenían las clases de Abadía Méndez. Para empezar, eran de once a doce, cuando los alumnos estaban muertos de hambre y de sueño. En la clase sólo se oía la triturada de chicharrón. En cualquier caso, Abadía era el más querido de los profesores, porque les ponía gran atención a sus alumnos, pero su curso era malísimo. Era un espíritu escéptico y burlón, aunque su ciencia era bastante provinciana, y tan rudimentario lo que enseñaba que se limitaba a explicar cómo se tenía que dar una serie de enlaces entre los productores de zaraza en Manchester y los comerciantes de la calle de San Miguel en Bogotá para que los indios de Choachí pudieran adquirir una falda de zaraza.

Cuando ya fue Presidente de la República, decidió llevarse a sus alumnos a estudiar a Palacio:

—Como se habrán enterado —les dijo— voy a posesionarme de la Presidencia; he pensado que para ustedes será más fácil ir a recibir las lecciones a Palacio que para mí venir acá.

Sin embargo, fuera de clase era un tipo divertido. Decía con sorna que el único requisito para ser ministro era el nombramiento. Sobre su escritorio tenía dos pilas diferentes de documentos. Un día Germán Arciniegas le preguntó el motivo de esa curiosa división: "Yo coloco aquí, a la derecha, aquellas cartas que tratan de asuntos que se resuelven solos, y por eso no hay que contestarlas. Las de la pila de la izquierda corresponden a lo que nunca va a resolverse, y que por eso no hay que contestar".

Antonio José Uribe, que también fue rector, dictaba Derecho internacional. Tenía el prestigio de haber publicado unos inmensos *Anales diplomáticos*. Arciniegas lo describe como un tipo fabulosamente vanidoso que tenía la obsesión de ser un día Presidente de la República. En época de exámenes se reunían en el patio los alumnos y comenzaban a gritar: "viva el futuro Presidente de la República", "viva el candidato de los universitarios", "viva el presidente Antonio José Uribe". Naturalmente, todos sacaban cinco.

En 1921 el estudiante Arciniegas le dijo adiós para siempre a la carrera de Derecho, que abandonó sin graduarse. De hecho, nunca se graduó de nada, aunque hizo acopio de más títulos honorarios que nadie. Muy pronto, en cambio, estaría haciendo las leyes del país en el Congreso. Se fue después del impacto que le produjo la visita de los estudiantes a la cárcel que funcionaba en el Panóptico, un edificio de piedra que alguna vez fuera el más alto de la ciudad. El curioso estudiante advirtió que los patios de la cárcel eran escuelas para graduar asesinos. Arciniegas notó que, paradójicamente, en un país donde el ochenta por ciento de la población era analfabeta, los presos eran los únicos que sabían leer y escribir y lo hacían hasta en las paredes de las letrinas. El horrendo espectáculo sirvió para dos cosas: por un lado, Eduardo Santos le publicó una nota en *El Tiempo*, "Capítulos que se le olvidaron a Dante", en la que sostenía que en el campo se estaba apartando a los muchachos del trabajo normal del campesino para darles una supuesta "educación" que no les servía para nada; por otro, elaboró con gran ingenuidad una monografía jurídica sobre *La escuela en Colombia como factor del delito*. Por supuesto, el doctor Escallón, su profesor, se indignó, le puso dos y tuvo que habilitar.

La historia de los reinados de belleza en Colombia aún está por escribirse. Los reinados estudiantiles fueron quizá los eventos más importantes de la capital durante muchos años y su pionero y realizador fue, desde luego, Germán Arciniegas, quien los inició en 1922. Eran eventos muy simpáticos. Las reinas nombraban gabinete ministerial y su influjo fue desde un comienzo tan grande en la vida política y social del país que con la candidatura de Elvira Zea entraron las mujeres por vez primera a la universidad, de la que no volverían a salir. La primera reina de los estudiantes, y una de las mujeres más hermosas del país, fue Maruja Vega, luego esposa de Carlos Arango Vélez, suegra y abuela de los futuros presidentes Misael Pastrana Borrero y Andrés Pastrana Arango. Para celebrar el reinado, unos sesenta estudiantes se disfrazaron. En adelante, todos los años se coronarían las reinas en el Teatro Colón de Bogotá. En 1923 eran dos las candidatas a reina de los estudiantes: Helena Ospina, hija del Presidente de la República, Pedro Nel Ospina, y Elvira Zea, hija del profesor Luis Zea Uribe y hermana del futuro canciller Germán Zea Hernández. El haberse atrevido los organizadores y jurados a quitarle el título, por lo demás con toda justicia, a la hija del Presidente, fue otro de los escándalos del momento. Y donde había escándalo estaba presente Germán Arciniegas. Pero la gallardía de la perdedora estuvo por encima de las circunstancias. Al pasar los estudiantes frente a la Casa de Nariño, ella salió al balcón y los cubrió de flores. Este gesto extraordinario tan no fue olvidado por los estudiantes que al año siguiente la reina fue ni más ni menos que Helena Ospina, coronada por el maestro Guillermo Valencia. A las reinas desde entonces sólo las coronaron grandes oradores o grandes poetas.

De inmediato en Medellín decidieron seguir el ejemplo, cuando Arciniegas organizó allí el primer congreso de estudiantes. La primera de sus reinas fue Lucía Cock, quien luego se casaría con Rafael Bernal Jiménez. Pero el que obtuvo reina propia fue Germán Arciniegas, pues allí conoció a Gabriela Vieira Llano, que se convertiría en su esposa y lo acompañaría en el camino de la vida durante casi ochenta años. Ella ya iba a casarse con otro, hasta le habían traído de París su vestido de novia. Germán empezó a escribirle y cada seis meses iba a visitarla. Ir a Medellín era bastante complicado, tanto que era más fácil transladarse a Europa. En esa época era tan difícil viajar que la gente hacía testamento antes de partir. Había que bajar en tren a Girardot y seguir hasta La Dorada. Luego por barco hasta Puerto Berrío. Allí, hacer un trecho a caballo, porque el túnel de La Quiebra aún no existía, y volver a tomar el ferrocarril hasta Medellín: "Todas las cosas que uno hace por amor". Y aunque el estudiante había gastado cuatro días en el viaje, el horario de las visitas era inflexible. Empezaban a las seis de la tarde, después de comida y de rezar el *Angelus* en familia, y por cronómetro terminaban a las ocho en punto. Después de más de siete viajes a Medellín, un día se pasó de la hora indicada la visita a Gabrielita, y el padre de ésta los obligó a casarse. Arciniegas sólo alcanzó a enviar a Bogotá un telegrama a su madre: "Cataplúm. Me caso". Se casaron y se fueron a vivir a Bogotá.

Luis H. Aristizábal

De líder estudiantil a diplomático

La trayectoria de Arciniegas como líder estudiantil e ideólogo de la educación ha sido trazada especialmente por Ángela Rivas en un excelente estudio sobre esa, hasta ahora, muy desconocida época de su vida. El estudiantil fue uno de los primeros movimientos sociales que afirmaron explícita y categóricamente su autonomía con respecto a la politización bipartidista. En 1922, Germán Arciniegas, desde las páginas de *La República,* fue uno de los opositores de la creación de la Universidad Libre. Puede sorprender, pues era una universidad de corte liberal, pero hay que sopesar sus argumentos. Arciniegas calificaba tal iniciativa de reacción poco inteligente al control del Gobierno conservador y de acto contrario al más alto fin de la educación: su alcance nacional.

Los mayores opositores de cualquier reforma eran los jesuitas, quienes el mismo año de creación de la revista *Universidad* fundaron la revista *Juventud Bartoliana* y quisieron incidir en la orientación de la Federación de Estudiantes inscribiendo en ella a los alumnos de sus planteles. Ante este procedimiento de los jesuitas reaccionó la fraternidad de "los pétalos mustios", que era el grupo sucesor de "los precoces". Famosas se hicieron las reuniones de "los pétalos", celebradas inicialmente en una oficina del hotel Anzonia, de propiedad de María Angueyra, tía de Germán Arciniegas. Según Carlos Lleras Restrepo, uno de "los pétalos", era necesario tener dentro de la República una organización

> No somos indios, ni blancos, ni negros. Somos de acá.

universitaria que influyera sobre el Estado mismo. Arciniegas defendía el proyecto de una universidad nacionalista, en contraposición a la idea europea de universidad universal. Apoyaba su argumentación en la tesis de que existían necesidades materiales y morales peculiares de cada país. Pretendía igualmente cambiar los métodos literarios por el estudio basado directamente en la vida real. Veía en la educación un arma poderosa y de doble filo: bien empleada podía regenerar a los pueblos; manejada erróneamente llevaría al delito y a la inferioridad colectiva. Criticaba el sistema mnemotécnico empleado en la educación nacional y denunciaba la falta de la libre discusión de ideas y expresión de conceptos distintos a los del profesor. Uno de los más terribles vicios de la educación nacional era para él la falsa creencia en que el fin de la educación deberían ser los exámenes.

Desde muy temprano Arciniegas fue profesor. Eligió la sociología, que era una ciencia nueva. Dictó la cátedra en el Externado, en la Universidad Libre y en la Nacional al mismo tiempo. Pero lo hizo predicando la imposición de una cátedra libre, que pudiera contrarrestar las opiniones de los profesores con expertos en las materias. Arciniegas enseñaba "como le daba la gana" y se enfrentó a tres obispos que habían solicitado clausurar la Universidad de Cartagena porque en la Facultad de Medicina se había organizado una sala para estudiar lo relativo a la maternidad. De hecho, monseñor Bernardo Herrera Restrepo, arzobispo de Bogotá, que era toda una institución nacional, nombró una comisión de tres teólogos renombradísimos destinada a refutar las protestas de Arciniegas: monseñores Alejandro Bermúdez, Carlos Cortés Lee y Rafael María Carrasquilla.

Esto fue apenas un preludio de los días de las grandes conferencias del Teatro Municipal, inventadas y animadas por Arciniegas, y de las subsiguientes controversias que enfrentarían a figuras de la intelectualidad y la cultura de su tiempo. La famosa polémica sobre la "degeneración de las razas" se inició hacia 1920. La discusión fue iniciada por el médico boyacense Miguel Jiménez López, quien básicamente sostenía que la nación entera estaba atravesando por un serio proceso de degradación colectiva. Arciniegas decidió explotar el tema y le pidió a Jiménez que dictara una conferencia en el Teatro Municipal. Las discusiones fueron inmensas. Lo curioso, anotaba Arciniegas, es que esta clase de especulaciones europeas eran registradas con un entusiasmo increíble por los latinoamericanos, quienes publicaban libros para comprobar nuestra inferioridad.

Siguió un segundo ciclo de conferencias, iniciado en 1927, que fue espectacular. El primero que habló fue Alfonso López Pumarejo. De estas conferencias, según su gestor, salieron dos cosas: la idea de que el Partido Liberal podría recobrar el poder, y, segunda, la caída del Partido Conservador. "Afortunadamente ocurrieron las dos". El éxito fue tan grande que Arciniegas decidió cobrar para financiar el alquiler y porque el público no cabía en la sala. Sin duda, la estrella fue Laureano Gómez con sus "Interrogantes sobre el progreso de Colombia". Allí dijo sin ambages que nuestra raza proviene de la mezcla de españoles, indios y negros y que los dos últimos caudales de herencia eran "estigmas de completa inferioridad". "Fue una diatriba, la más violenta, contra la raza, la geografía, la historia, contra todo. No creía en nada". De todos modos, fue una conferencia espléndida.

Pero el sistema se lo robó el político liberal Jorge Eliécer Gaitán, porque vio que esa tribuna del Municipal podía ser extraordinaria para hacer sus campañas políticas. De manera que los martes culturales de Arciniegas y sus amigos se volvieron los viernes de Jorge Eliécer Gaitán. Al parecer no era lo único de lo que se había apropiado Gaitán. También hizo suya, para la fama, una frase de Vargas Vila: "Yo no soy un hombre. Soy un pueblo".

Es otra historia que está por escribirse: la de las librerías de la vieja Bogotá. Todas estaban en la misma calle, la 12, entre la Real y la de Florián. La Librería Americana, de don Miguel Antonio Caro, la Torres Caicedo, de José Joaquín Pérez... La más antigua era la Librería Colombiana, de Camacho Roldán y J. E. Tamayo, que era liberal, en tanto que la célebre Librería Nueva, de Jorge Roa, era tertulia de conservadores. Abajo, en la Librería Apolo estaban las joyas: la biblioteca Sopena... Libros baratos con olor a diablo: allí se apilaban, todavía frescas, las obras de Nietzsche y de D'Annunzio, Anatole France, Paul Bourget... Y, sobre todo, las de Vargas Vila, quien estaba prohibido. Era un escritor colombiano que vendía libros en todo el mundo como si fueran pan. Era el gran autor internacional de Colombia y de Latinoamérica y el preferido de las editoriales españolas. Truculento, blasfemo, derrochaba injurias a porfía en medio de culebrones que hoy serían telenovelas de éxito. Era el rey del insulto y se jactaba de tumbar gobiernos con una frase. Como anotó Germán Arciniegas, durante mucho tiempo en el mundo se conoció a Colombia exclusivamente por Vargas Vila:

> Me dijo un día Londoño Villegas: voy a presentarle un caso singular: un condenado por el asesinato de un compañero en Girardot. Los dos, bogas del Magdalena. Se trabó entre ellos un alegato a muerte: el homicida sostenía que Vargas Vila era el mejor escritor del mundo. El otro decía que Victor Hugo. Londoño preguntó al recluso: dime cómo ocurrieron las cosas... Vea doctor: no crea que era cuestión de tragos. Yo no había tomado y estaba en mi sano juicio. Pero lo que son las malas. Se le ocurre a ese desgraciado decirme que Victor Hugo era mejor que Vargas Vila. ¿Se da cuenta, doctor? Y explicando así las cosas fue exaltándose hasta decir: si otra vez se me presentara, pues lo mato, ¡carajo!

En 1927 Arciniegas decidió ampliar los propósitos y el radio de acción de *Universidad*. En algún momento que la memoria no precisa, cuenta Roberto García Peña que Germán Arciniegas lo llamó en su ayuda para la administración de la revista, junto a Hernando Téllez y Jaime Barrera Parra. Un día llegó a las modestísimas oficinas un joven delgado, más bien alto que bajo, autodidacta, que iba desde la población de Facatativá a llevarles un artículo y que dijo llamarse Abelardo Forero Benavides. En un instante cuatro de las más insignes figuras del periodismo colombiano del siglo XX estaban trabajando codo a codo con Arciniegas; el joven periodista no podía estar mejor acompañado. En esa segunda época colaboraron en la revista todas las grandes figuras intelectuales de entonces, no sólo de Colombia, sino del mundo. Además, pasaron de la Editorial Minerva a la Imprenta de Arciniegas y Mazuera, donde, además, publicaron varias obras de Sanín Cano, de don Tomás Rueda Vargas, de Tomás Carrasquilla, de Armando Solano e incluso una antología de poetas modernistas, en la cual aparecían nombres a la sazón desconocidos en Colombia, como Lugones, González Martínez, Herrera y Reissig y Alfonsina Storni. Es posible que la gente conociera a Lugones, pero nadie tenía un libro de él, pues todos los modernistas eran considerados "poetas de periódico". También creó las Ediciones Colombia, donde publicó buena parte de la literatura de entonces. Allí se encuentra, seleccionada, la mejor producción literaria de la generación del Centenario.

La Gran Depresión económica de 1929, como lo ha mostrado Marco Palacios, fue menos traumática y más breve de lo que suele creerse. En todo caso, parece haber afectado profundamente al periodista y a su revista. La aventura de *Universidad* terminaría en una quiebra memorable. Allí se agotó la herencia de su padre y se comprometieron la fortuna de su madre y la de su socio, Fernando Mazuera. El estudiante, periodista, editor y, sobre todo, hombre casado y con familia que sostener, se quedó sin un centavo. Un día, por error, giró un cheque sin fondos para comprar un armario: "El único cheque sin fondos que he girado, me obligó a irme de mi ciudad nativa". Los Arciniegas vendieron todas sus pertenencias y con ese dinero compraron los pasajes para Nueva York. Iban a vivir en adelante del arriendo de la imprenta. Así, *Universidad* murió en septiembre de 1929, después de 152 números.

Al poco tiempo de estar los Arciniegas en Nueva York llegó de visita el presidente electo, Enrique Olaya Herrera, acompañado por su secretario ad honórem, Juan Lozano y Lozano, quien había escrito que Arciniegas era un "experto en chistes bobos y teórico en idioteces". No obstante, Germán lo recibió en su apartamento. En adelante serían grandes amigos...

Igualmente, llegó Alejandro López, personaje muy influyente y amigo íntimo del nuevo Presidente. Olaya le ofreció nombrarlo en el gabinete. Le inventaron el cuento de que el presidente le había preguntado qué ministerio quería, y que López contestó:

—Quiero un puesto como de supervisor de los ministerios para poderlos coordinar.

Y el doctor Olaya le respondió:

—Ese fue el puesto que me dieron a mí.

En cualquier caso, lo nombró cónsul general en Londres. Y Juan Lozano hizo nombrar a Germán Arciniegas como secretario de esa legación. Así empieza, con el retorno del Partido Liberal al poder, la carrera diplomática de Germán Arciniegas.

En Londres, Alejandro López tenía que viajar mucho y a menudo dejaba encargado de la embajada a Arciniegas, quien despachaba los asuntos con una velocidad increíble, pues eran cosas de rutina la mayor parte. El primer descubrimiento sociológico importante que hizo el estudiante diplomático fue que los ingleses tenían un entusiasmo más grande por sus

45

caballos que por el resto de los seres vivientes, de modo que se decidió a enviar a Bogotá una serie de notas tituladas "La isla de los caballos". A Alberto Lleras le gustaron mucho e instó al diplomático a que las recopilara en un libro con ese mismo título. Es así como el primer libro que escribió Arciniegas existe, pero nunca se publicó. Sin embargo, recibió una sorpresiva crítica favorable como novelista. Resulta que Luis Alberto Sánchez, uno de los más grandes críticos literarios del continente, escribía en esa época su *Historia de la literatura latinoamericana*. Como no le gustaba que nadie lo sorprendiera con algo que no sabía, mencionó entre los novelistas colombianos a Arciniegas, como autor de la novela *La isla de los caballos*. "Como Luis Alberto me conocía bien, hizo un buen juicio crítico a la novela". Sánchez, dice Arciniegas, era generoso. Cuando una persona era muy amiga le quitaba años. En vez de haber nacido en 1900, ponía 1905. Si le caían mal, les ponía más años. Al nacido en 1905, por ejemplo, le colocaba 1900.

Pero el primer libro publicado al fin habría de llegar. Lo escribió unas tres veces. Lo cierto es que aunque escribía día y noche no pensaba poseer la menor vocación literaria y de hecho nunca escribía en sus propias revistas, pues se consideraba a sí mismo un editor, un agitador y un impulsador, no un escritor. Pero cuando vio que ninguno de sus contemporáneos lo hacía, decidió escribir un libro sobre las luchas estudiantiles. Y si bien era un libro un poco tardío para un escritor joven, era temprano para quien habría de escribir más de sesenta. Se trata de una serie miscelánea de relatos contados por los estudiantes en torno a una mesa redonda, pues en Inglaterra se vivía por entonces una especie de entusiasmo infantil por el rey Arturo y sus caballeros. Abarcaba la vida colegial de todos los tiempos así como su intervención directa en todos los movimientos decisivos de la historia. Para Germán Arciniegas todo lo trascendental de la humanidad había sido obra de los estudiantes. *El estudiante de la mesa redonda* se publicó en 1932.

> Los libros son como los cestos: lo difícil es hacer el primero, que después cualquiera hace un ciento.

La estadía en Londres le permitió al joven alumno asistir a conciertos y espectáculos de toda suerte. Así, pudo escuchar al legendario Ignaz Paderewski, que además de compositor y pianista fue presidente de Polonia. Estuvo en la última función de la bailarina Ana Pavlova y pudo escuchar al bajo más famoso de todos los tiempos, el ruso Fedor Chaliapin. Y, claro, se aficionó a la revolución soviética: "Por esas cosas infantiles y por curiosidad, nosotros fuimos fanáticos de la revolución rusa". Tanta fue esa atracción que llegó a tomar lecciones de ruso. Fue su único coqueteo con el comunismo.

Qué mejor tribuna que Londres para alternar con los colombianos más ilustres. Allí iban llegando Laureano Gómez, Gabriel Turbay, Jorge Soto del Corral, Alfonso López Pumarejo, quien se quedaría como ministro plenipotenciario del Gobierno de Colombia ante Inglaterra. López, muy amigo de Laureano, le ofreció a éste una suntuosa comida. López y Laureano Gómez siempre fueron íntimos amigos y probablemente tenían ideas similares, tanto que López llegó a declarar que en su día ya no existían fronteras definidas entre los partidos colombianos. Ese contubernio llegó a ser tan escandaloso, que en 1934, aún como presidente, Olaya Herrera dijo que iba a recorrer el país para denunciar la fraternidad política entre el jefe del Estado y el jefe de la oposición.

Al ganar el poder en 1930, el liberalismo decidió dar algunas curules en el Congreso a las minorías. Como tal, se dio un renglón a los estudiantes en la Cámara de Representantes para un miembro nombrado por ellos. Eligieron a Germán Arciniegas como su representante natural, sin haber pronunciado un discurso ni haber escrito una carta. La noticia le llegó a Londres como una sorpresa agridulce. Se terminaban "las mieles" de la vida diplomática, pero, al mismo tiempo, se daba cuenta de su importancia en la vida pública de su propio país.

Segunda parte:
En medio del camino de la vida, 1933-1966

Los amigos en el poder

Con la elección de Olaya Herrera llegó el final de la hegemonía conservadora. A partir de 1930, el Partido Liberal recupera el poder en Colombia y, aunque lo haya perdido en diversas ocasiones, será mayoría indiscutida hasta terminar el siglo XX. En cualquier caso, el pensamiento conservador no perderá su influencia en la vida nacional. En la política estuvo representado hasta después de los cincuenta por la figura dominante de Laureano Gómez, el "basilisco conservador". Laureano era un orador formidable. Cuando hablaba, todo el mundo quedaba embrujado y metido dentro de la dramatización que le daba a sus intervenciones. Tomaba una cosa pequeña y empezaba a inflarla, en polémicas interminables. Como dice Lleras Restrepo, pocas veces iniciaba un debate, pero como un buen "matador" dejaba que actuara primero su cuadrilla. En 1932 unos militares peruanos ocuparon territorio colombiano en el Amazonas. Gómez vociferaba: "¡Paz, paz en el interior y guerra en las fronteras!". Después se supo que el dictador peruano de turno, general Sánchez Cerro, había buscado apoyo popular con una guerra cuando su régimen tamba-

> Nunca he tenido tiempo de cultivar las amistades, cosa que me duele terriblemente.

leaba. Henchidos de patriotismo, participaron en la guerra dos locos voluntarios, Juan Lozano y Lozano y Felipe Lleras Camargo, por lo que Laureano armó un debate sobre los hechos y contra los dos supuestos "patriotas". Lleras, "con su vocecita chiquitica" quiso interpelarlo y Laureano "se le vino encima y lo dejó como una calcomanía". La otra figura predominante del conservatismo fue Gilberto Alzate Avendaño, quien se parecía mucho a Mussolini, tanto en su físico como en sus ideas.

Para Hernando Téllez, Germán Arciniegas es por entonces un mocetón fornido; Moreno Villa le encuentra el aire y las facciones de un jesuita vasco; Cobo Borda lo retrata como hombre de trajes desmadejados y manos de boxeador. Ha vivido ya los mismos años que vivió Jesucristo. Vivirá tres veces más, pero aún no lo sabe. Dos hechos fundamentales cambian por completo su vida al comenzar la década de los treinta: el final de la hegemonía conservadora, que significará el ascenso al poder de sus amigos liberales, y la publicación de su primer libro. Son los amigos de Germán Arciniegas quienes harán la historia de Colombia de 1930 en adelante. El primero de ellos es Eduardo Santos. Cada vez que llegaba del colegio con las calificaciones, su madre le decía: "Hijo, tu vas a ser presidente de Colombia". Pero él se burlaba de los estudios y decía que el diploma es el permiso que le dan a uno para olvidarse de todo lo que le han enseñado en el bachillerato. Mientras Laureano Gómez era de un ímpetu incontenible, Santos hablaba casi en tono menor, con una voz musicalmente muy hermosa, con un tono más convincente que arrebatador, dentro de gran sencillez y desenvoltura. Del discurso tumultuoso, vargasviliano, que venía resonando hasta entonces en la plaza, Santos pasó a la claridad cartesiana. En el fondo, le gustaban el centralismo y el poder presidencial. En alguna oportunidad Arciniegas dictó una conferencia sobre Núñez en la cual dijo cosas horribles sobre "el sátiro de El Cabrero". Santos, que estaba entre los asistentes, lo esperó y a solas le dijo:

—¡Usted es un animal. Cómo se le ocurre decir esas cosas!

Otro gran amigo fue Olaya. A pesar de haber nacido en Guateque, un pueblito de Boyacá, Enrique Olaya Herrera podía trazar sus ancestros hasta el marqués de San Jorge. Era gigantesco, aunque ligeramente inclinado hacia el costado izquierdo, por lo cual los ingeniosos bogotanos lo habían apodado "las seis y cinco". Olaya era imponente. Alguna vez que alzó un brazo, Eduardo Santos le dijo a Arciniegas: "Mire, Germán, subió un kilómetro de alto". "Claro que cuando hablaba nadie sabía lo que decía porque tenía un defecto en la lengua y no podía vocalizar, pero la arrogancia en el gesto seducía y arrancaba grandes aplausos". La noche de las elecciones, como a la una de la mañana, hora normal para él, Arciniegas lo llamó y le comunicó:

—Ya están los resultados precisos de la elección. Usted es el nuevo presidente de la República.

—Germán. Usted es el tipo más inoportuno del mundo. Me ha interrumpido la lectura de algo maravilloso, los discursos del presidente Wilson. ¡Y ahora me sale con esa noticia!

Pero los dos más grandes amigos, además de Eduardo Santos, fueron Alberto y Carlos Lleras. Alberto era un escritor increíble, según Arciniegas, con la mejor vocación literaria que hubiera conocido, tanto que creía que iba a ganar el premio Nobel de literatura, lo cual ha sido refrendado por nadie menos que García Márquez cuando escribió que "Alberto Lleras Camargo era un gran escritor que fue dos veces presidente de la República". Pero era muy bohemio, tanto que una noche se acostó en Bogotá y amaneció en Buenos Aires. "La política perdió al que habría sido el más grande escritor colombiano". Decía Lleras que si hubiera sido rico, si hubiera tenido renta, hubiera vivido en un campo, alejado de todo, frente a la naturaleza, rodeado de libros. Hacía todas las cosas con gran desinterés. Escribía un poco al estilo de Azorín. Notas pequeñas, cortas. Introdujo ese estilo en el periodismo colombiano. Luis Tejada y Alberto Lleras, recuerda Arciniegas, eran mucho más que cronistas, lo que hacían era pura literatura.

Un día, ya elegido Alfonso López, Lleras le dijo a Arciniegas que el nuevo presidente le había ofrecido el Ministerio de Gobierno o la Gobernación de Cundinamarca.

—¿Y tú qué vas a hacer?

—Le voy a contestar y a pedir la Secretaría de la Presidencia o la Secretaría Privada.

—Me parece genial porque tú de política no entiendes ni un pito. En cambio en la secretaría vas a ver chiquitos a todos los políticos de Colombia y vas a ser un Nobel fabuloso.

Carlos Lleras Restrepo era otro escritor formidable, hombre de una inteligencia, una honestidad y una vanidad llevadas al extremo. Como dice Daniel Samper Pizano, se le hacía agua la boca de sólo pensar en los coeficientes de empleo, el impuesto *ad valorem*, los fletes FOB, las tarifas CIF, el producto interno bruto y el índice de captación de ahorro. Incluso se decía que cuando muchos años más tarde, en los años sesenta, fue presidente de la República, colocó una ofrenda floral al Sagrado Corazón de Jesús con la leyenda: "Del primer mandatario de la nación a la segunda persona de la Trinidad". El país todavía no sabe que escribió unas extraordinarias memorias del siglo XX colombiano, *Crónica de mi propia vida*.

Cuando en 1987 Antonio Morales le preguntó quiénes habían sido sus mejores amigos, Arciniegas evocó también el nombre de Hernando Téllez, pero advirtiendo que nunca había tenido tiempo de cultivar las amistades, cosa que le dolía terriblemente. Téllez fue otro periodista y ensayista formidable. Sus escritos, en una prosa suave, sencilla y ondulante, son otro modelo de estilo que vale la pena releer.

A finales del siglo XX, el diario *El Tiempo* hizo una encuesta. Se trataba de determinar quien había sido el colombiano del siglo XX. No ganó Gabriel García Márquez. Tampoco Germán Arciniegas. Ganó Alfonso López Pumarejo, mérito doble si se tiene en cuenta que en ese tipo de encuestas cuenta mucho la moda y la reciente vigencia de los personajes. López, según su amigo Germán, era un *bon viveur*, un inglés de alma, desterrado en las colonias. En su infancia había recibido clases particulares de don Miguel Antonio Caro. Se cambiaba de corbata cinco o siete veces delante de sus áulicos; los amigos temían que los tomara por la solapa para constatar la mediocre calidad del paño. En 1929 pronunció ante la convención liberal en Ibagué una frase que se haría famosa: "El Partido Liberal tiene que prepararse para asumir el poder". La verdad es, según el secretario de Olaya Herrera, que aquello lo dijo porque López estaba convencido de que el nuevo Presidente iba a ser no Olaya sino el tercer candidato, el general Vásquez Cobo.

Ahora, en los años treinta, surgía un grupo o generación, a la cual Arciniegas suscribió con entusiasmo: Los Nuevos. Se decían discípulos de José Enrique Rodó, en especial de su alado libro, *Ariel*. Combatían a Theodore Roosevelt y propiciaban todas las formas posibles de la unidad latinoamericana. Según Abelardo Forero, Arciniegas era el menos generosamente dotado de ellos, pero ni Jorge Zalamea, ni Alberto Lleras, ni José Mar, ni Juan Lozano y Lozano podían presentar en el balance una obra de las dimensiones y el valor de la lograda por él. La explicación, sin duda, estaba en que toda su vida era un ejemplo admirable de perseverancia cotidiana, de sistema y de orden. Muchos años después, Gabriel García Márquez diría que el secreto de Arciniegas era ser el más metódico de los escritores colombianos. El propio interesado lo explica así: "Hay por lo menos veinte escritores colombianos mejor dotados que yo. Pero escriben siempre en referencia directa con el ambiente, los personajes o los hechos del país, dentro de un estrecho círculo. En sus discursos o estudios, hay

> Los electores no saben quiénes son los mejores ciudadanos de su patria y de esa ignorancia no puede culpárseles: conocer a los hombres no les es dado sino a muy pocos talentos.

invariablemente una alusión para que la entienda Alfonso López, o Eduardo Santos, o para mortificar a López de Mesa. A mí no me interesa sino mi tema".

En 1933 el joven Germán Arciniegas regresaba al país para presentar en el Congreso su proyecto sobre reforma universitaria. Quería convertir la universidad en una especie de república, en donde los profesores formarían el Senado y los estudiantes la Cámara de Representantes.

Una vez nombrado presidente Alfonso López Pumarejo, Arciniegas se dirigió a él:

—Bueno doctor López, ahora sí vamos a conseguir la autonomía de la Universidad.

De inmediato el Presidente le contestó:

—Eso era muy bueno antes de que estuviéramos en el poder, pero ahora no le jalamos. ¡Germán, deje de ser pendejo! No sea idiota. Nosotros jamás vamos a entregar la universidad.

Pero más que una reforma universitaria, lo que surgió de la experiencia de Arciniegas como congresista fue, como será en adelante una constante, un libro. *Memorias de un congresista* es un ameno y delicioso libro sobre lo divertido que era el Congreso colombiano de entonces, "suficiente para que nunca más me eligieran Representante a la Cámara". Lo cierto es que en 1958 lo reelegirían, aunque confesaba que en general su paso por el Parlamento fue fugaz y no dejó mayor huella. Las controversias pululaban y se presentaban en ocasiones como combates entre dos líderes intelectuales. Arciniegas ya había tenido la idea, antes de llegar al Congreso, de recoger en un libro los debates que en el Senado adelantaron Guillermo Valencia y Antonio José Restrepo, *Ñito*, en un libro que se llamaría *El cadalso en Colombia*. Los discursos de Valencia eran "impecables, grandilocuentes, con mucha cosa grecolatina". Los de Restrepo tenían estilo "machetero", llenos de gracia y humor cortante. La gente iba al Senado a escucharlos porque era mucho mejor que ir al cine o a la ópera. El libro intentaba, por otra parte, polemizar con humor contra los conservadores. El prólogo, del maestro Baldomero Sanín Cano, se titulaba: "Un humorista colombiano", aunque según Armando Solano el de Arciniegas era un humorismo más bien corrosivo. Advertía que en el Congreso colombiano lo que dominaba era el ruido. Allí la fuerza de las ideas era lo menos valioso y lo que valía era el tono de decir las cosas. Y añadía:

> Esta experiencia me robó una de las pocas ilusiones que por un instante me han llevado a creer en mi propia importancia (...). Una de las desgracias mayores que me han acompañado en el curso de mis días es la de que nunca he sabido darme importancia. La mayor parte de las cosas me parecen triviales, por la sencilla razón de que amo las cosas triviales. Pero, naturalmente, este amor a lo trivial me conduce a sentirme también yo mismo como un detalle de la vida (...). Admiro a las personas que tienen los arrestos necesarios para darle importancia a las cosas minúsculas, que se levantan furiosas contra los pequeños detalles de la vida y que rodean de misterio las bagatelas.

Luis H. Aristizábal

Uno que sí sabía darse importancia a sí mismo era Jorge Eliécer Gaitán. Quizás el hecho más importante de la vida de Gaitán fuera ese ardor gástrico que padeció desde los veinte años, una de esas dolencias insoportables que impulsan al sacrificio, a arriesgar la vida en cualquier empresa, a luchar codo a codo con la muerte. Cuando lee una frase que lo golpea, Gaitán la guarda cuidadosamente. Sabe que sin independencia económica no hay independencia personal. Es cuando piensa en establecer una cadena de pequeñas droguerías. Y de allí viene la historia de un gran resentimiento, cuando el Banco de Colombia se niega a prestarle 300 pesos en 1928, en tanto a Alfonso López Pumarejo le presta quince veces más. En adelante el resentimiento no se dirigirá tanto contra el banco como contra López.

Gaitán gustaba de los carros lujosos, mientras los del grupo de Los Nuevos no tenían ni para el bus... Hablaba como un embolador inteligente y hacía unos debates truculentos que ya nadie recuerda. Cada vez que para algo se presentaba una solución positiva la atacaba, y al año siguiente se repetía el debate con los mismos argumentos. Todas las mañanas trotaba en el Parque Nacional. Era un orador eximio que hacía una gimnasia especial y todo tipo de ejercicios ante el espejo para aumentar su capacidad toráxica. Consumía menjurjes de huevo crudo y jugo de naranja como combustible oratorio. Y no dejan de ser sorprendentes los testimonios sobre las emociones que despertaba en su auditorio. Era un seductor de multitudes, un hombre contagioso. Pero nunca fueron amigos. Gaitán era un oportunista que poco entusiasmaba a Germán Arciniegas, desde cuando se apropió de las conferencias del Teatro Municipal, de modo que en un artículo se burló un poco de la oratoria del caudillo, dibujando cómo hablaba, sudaba, se desabotonaba el cuello y gritaba de una manera que hacía daño al mismo tema que estaba tratando de defender.

Varias veces confesó Germán Arciniegas, en entrevistas, que era incapaz de decir que no a nadie. Pero la siguiente es la excepción que confirma la regla: en una sesión parlamentaria, el congresista José Mar se burló de la oratoria de Jorge Eliécer Gaitán, quien comenzó su réplica diciendo:

—El discurso del representante José Vicente Combariza, José Mar, como originalidad no tiene ninguna, porque lo que ha hecho es repetir lo mismo que ha escrito Germán Arciniegas en su libro *Memorias de un congresista*. Naturalmente, hay una distancia enorme entre lo que está diciendo el representante José Mar y lo escrito por el representante Arciniegas". Prosiguió haciendo un elogio del libro y de su autor y, en uno de sus trucos populistas, se volvió mirando al interesado:

—Creo que el representante Arciniegas va a tener que decir si cree o no en mi sinceridad.

Y el representante Arciniegas, desarmado ante tanta falsedad y viéndose obligado a dar una respuesta forzada, sólo pudo contestar:

—No.

Stefan Zweig era un escritor de vena entre popular y erudita. Sus biografías cortas, de carácter más sicológico que plagadas de hechos, llegaron a hacerlo muy famoso. Sus novelas, como *Veinticuatro horas en la vida de una mujer*, fueron leídas en profusión por los colombianos en los años treinta. Arciniegas le envió su libro y obtuvo una carta de respuesta: "Su libro *El estudiante de la mesa redonda* me ha dado un gran placer. Es un libro de juventud, como no se vuelve a escribir, con todo el entusiasmo y fervor, muy bello en sus detalles. El escepticismo llega, sin que lo invitemos a venir, con los años, y estoy seguro que usted no verá más el mundo con esos ojos ardientes. He aprendido mucho en este libro que conservaré como un retrato de su juventud".

Si hubiera sido mujer habría manchado el honor de la familia, porque siempre digo que sí a todo.

Sólo pasaba por alto el escritor austriaco que el joven Arciniegas seguiría siendo joven hasta el fin del siglo y seguiría escribiendo sus libros con ese mismo fervor y entusiasmo juveniles. Prueba de ese fervor fueron sus siguientes aventuras periodísticas. En 1934 dejó el Congreso y entró, por invitación de Eduardo Santos, a dirigir las páginas literarias de *El Tiempo*. En el *Diario de un peatón*, Arciniegas recogió cerca de sesenta notas publicadas en la sección "Cosas del día" de *El Tiempo* —entre 1935 y 1936—, una antología de pequeñas obras maestras, una serie de reflexiones sociológicas sobre diversos tópicos. La *Revista de las Indias* publicó el *Diario de un peatón* como un suplemento. Entre otras muchas cosas, observaba el ritmo de trabajo de los burócratas, reclamaba paciencia y concluía: "Todo en Colombia está para la firma". "¿Recuerdan ustedes lo que le pasó a mi amigo Jaime Barrera? Jaime se fue para Génova, y no se fue. Fue nombrado Cónsul, y no lo nombraron. El Ministro resolvió designarlo para el cargo, fijó el sueldo, señaló los viáticos, pero no resolvió, ni fijó, ni señaló nada. El decreto estaba, pero estaba para la firma. Y así pasaron, como en la fábula, una, dos, tres, cuatro, cinco, seis, siete semanas. Hasta que un teatro se desplomó sobre Jaime, y Jaime murió estando ya para la firma". En efecto, un pavoroso incendio destruyó un teatro en Medellín y una de las víctimas fue Barrera Parra, uno de los mejores cronistas de Colombia.

También advertía que cuando un holgazán se entrega al trabajo "la república tiembla". Se adelantaba a lo que medio siglo más tarde sería conocido como la ley de Hlade: "Si tienes una tarea difícil, confíasela a un hombre vago. Él encontrará la forma más fácil de hacerla". Y volvía al tema de los ruidos, que sería una constante en su obra: "A medida que pasan los años me voy convenciendo más y más de que tengo una sensibilidad defectuosa. Lo que a casi todos produce risa, a mí no me hace gracia. Y cuando más solemnes veo a mis prójimos, me dan ganas de reír. Tal me ocurre ahora, en vísperas de Navidad, con los totes y los truenos...". "Esta manera de divertirse tiene mucho que ver con el alma de los bobos. El trueno del tranvía es lo mismo que el grito del bobo cuando salta del zaguán en donde está agazapado, para asustar al transeúnte...".

> Nosotros somos tan grandes humoristas como los ingleses, o como los escandinavos. La única diferencia es que mientras en el norte hay buen humor, aquí, por debajo del trópico de Cáncer, hay mal humor.

Con el gobierno de Alfonso López por vez primera no había ministros conservadores en el gabinete. López hizo las más grandes reformas constitucional, agraria, tributaria y educativa de la primera parte del siglo XX. Su gobierno fue calificado como la "revolución en marcha". Laureano Gómez, por supuesto, lo tildaba de comunista. Olaya Herrera murió en Roma y el nombre de Eduardo Santos quedó como candidato único del partido liberal para suceder a López. Como tal, quedaba vacante la dirección de *El Tiempo*. Santos nombró entonces a Germán Arciniegas. Pero poco le duró el cargo. ¿La razón? La misma que frustró a grandes escritores: encontró que no tenía el genio para dirigir un periódico. Muy pronto se declaró incapaz de seguir escribiendo editoriales a las dos y media de la mañana sobre noticias que llegaban a las dos. Quizás fuese una decisión feliz, pues le cedió el puesto a don Roberto García Peña, quien dirigiría el diario más importante e influyente del país durante el siguiente medio siglo. En cambio, se dedicó de lleno a escribir. Así, hacia 1937 trabajaba en dos de los que serían sus principales libros. En *América, tierra firme* inauguraba lo que iba a ser su tema principal durante el resto de su vida: que lo de Colón en 1492 no había sido un "descubrimiento" sino un "encubrimiento" de América. Es éste uno de los libros capitales de Germán Arciniegas. "Descubre —decía— quien va a lo nuevo con ánimo científico, con finura de investigador, no quien lo asalta con fiebre de conquista". Insistía en que el mundo europeo es uno de los mundos, pero no "el" mundo. Nuestra cultura —recalcaba— no es europea y nosotros estamos negándola en el alma a cada instante. Sanín Cano escribió que se trataba de un libro "sagazmente americano" en el que por encima de todo campeaba el ímpetu vital de su autor. Y elogiaba algo que muchos ponían en duda: la erudición de Arciniegas. Haberse leído, decía, desde Comte, Spencer y Darwin hasta Juan de Castellanos y Pedro de Cieza, sin desentenderse de Ganivet, era un empeño digno de recompensa. El autor había devorado cuanto se había escrito en relación con el continente americano. Y remataba: "No me convence siempre, pero me instruye y me fascina un poco".

Pero la controversia más grande que causó *América, tierra firme*, que se mantuvo durante toda su vida y que estaba lejos de terminar al llegar el año 2000, era si el autor de ese libro y de los muchos que vendrían después era en verdad un historiador. Y si no lo era, ¿entonces qué era? Algunos acusaban a Arciniegas de deformar los hechos y acomodarlos a sus ideas. Él se defendía: "Mi visión del pasado suele ser regocijada, a veces irreverente... jugando un poco con la historia y la novela, dos instrumentos en apariencia opuestos para recrear el pasado". De ahí su gusto por la anécdota. Sus anécdotas son encantadoras y, por otra parte, si no las contara se perderían para siempre porque sólo él veía esos gestos coloquiales, esos detalles cotidianos, lo sublime y lo ridículo que pasan por encima del ojo del historiador.

Uno de los puntos que más enervaba, y enerva aún a los historiadores profesionales, era el desenfado de Arciniegas en el uso de sus fuentes. Jamás intercalaba una cita a pie de página. En el peor de los casos, y más por presión de los

> Negros e indios son hoy rateros y ladrones, porque así lo ha querido la organización social, porque hay una fuerza externa que a ello mueve a unos y a otros.

editores, hacía un par de referencias al final de los capítulos. De hecho, tuvo que ceder en algunos de sus libros posteriores, pero luego regresó a su vieja costumbre, y para siempre. Pensaba que nadie leía las notas, que hacían perder la fluidez de la lectura y que eran un estorbo. Hacía suya la frase de Noel Coward: "Encontrar una cita a pie de página es como tener que bajar a abrir la puerta cuando estás haciendo el amor". Del mismo modo, en los últimos años de su vida se estableció la moda editorial de llenar páginas y páginas con fastidiosa cronologías. Eso no lo lee nadie, me dijo un día. No sirve sino para abultar el texto y deja menos espacio para las tantas cosas interesantes que un autor tiene que decir.

Al mismo tiempo, en otro libro fundamental, *Los comuneros*, el escritor ponía fin a una de sus más finas recreaciones históricas. Fiel a su idea de que la historia de América debe ser novelada, con un exquisito estilo literario narraba ahora la revolución de los comuneros del Socorro, en el siglo XVIII. Muchas eran las novedades del enfoque. En primer lugar, situaba aquello no como una simple querella de impuestos, sino como todo un movimiento emancipador que habría tenido ramificaciones en la América entera. Por ello sigue paralelamente la historia de Túpac Amaru en el Perú. Y va más allá. El movimiento comunero habría sido el mismo de los comuneros de Castilla, en el siglo XVI, contra Carlos V. Recalca, en idea que irá desarrollando en libros posteriores, que no es lo mismo la "guerra de independencia", que se inicia hacia 1810, que la "revolución de independencia", que se inicia con el comercio de libros y de ideas en la colonia.

Por otra parte, intentaba magnificar la importancia del movimiento y exaltar la figura de su máximo líder, José Antonio Galán.

Arciniegas en los Estados Unidos y en la Argentina

Creada en 1936 por Jorge Zalamea y Darío Echandía, la *Revista de las Indias* tenía un formato de lujo. Ahora, dos años después, llegaba como director Germán Arciniegas para iniciar una época dorada. Por fin, Arciniegas tenía un poco de tiempo libre. Padre de una hija, Gabriela, y esperando otra a la que llamaría Aurora, la familia decidió que era mejor regresar a los Estados Unidos, donde los ofrecimientos de trabajo para el periodista eran constantes. Llegaron a Palo Alto en California; poco tiempo después la madre regresaría a Medellín con las niñas mientras Germán se quedaba en la vecina Universidad de Stanford para dictar unos cursos. Preparaba un libro, *California vista por un salvaje*, que anunció y nunca publicó, como había ocurrido con *La isla de los caballos*. "Libro que anuncio, libro que no se publica", vaticinó. Estando allí, Eduardo Santos le ofreció el puesto de ministro consejero en la embajada en Buenos Aires. El embajador sería Roberto Urdaneta Arbeláez, sólo durante un año, al cabo del cual quedaría Arciniegas como encargado de negocios. No solamente aceptó, sino que "le arrancó la mano" al doctor Santos y partió la familia entera para la Argentina.

> Tengo la impresión de que quienes escriben libros de historia se preocupan demasiado de los que se sientan a la mesa, y se olvidan siempre de los criados.

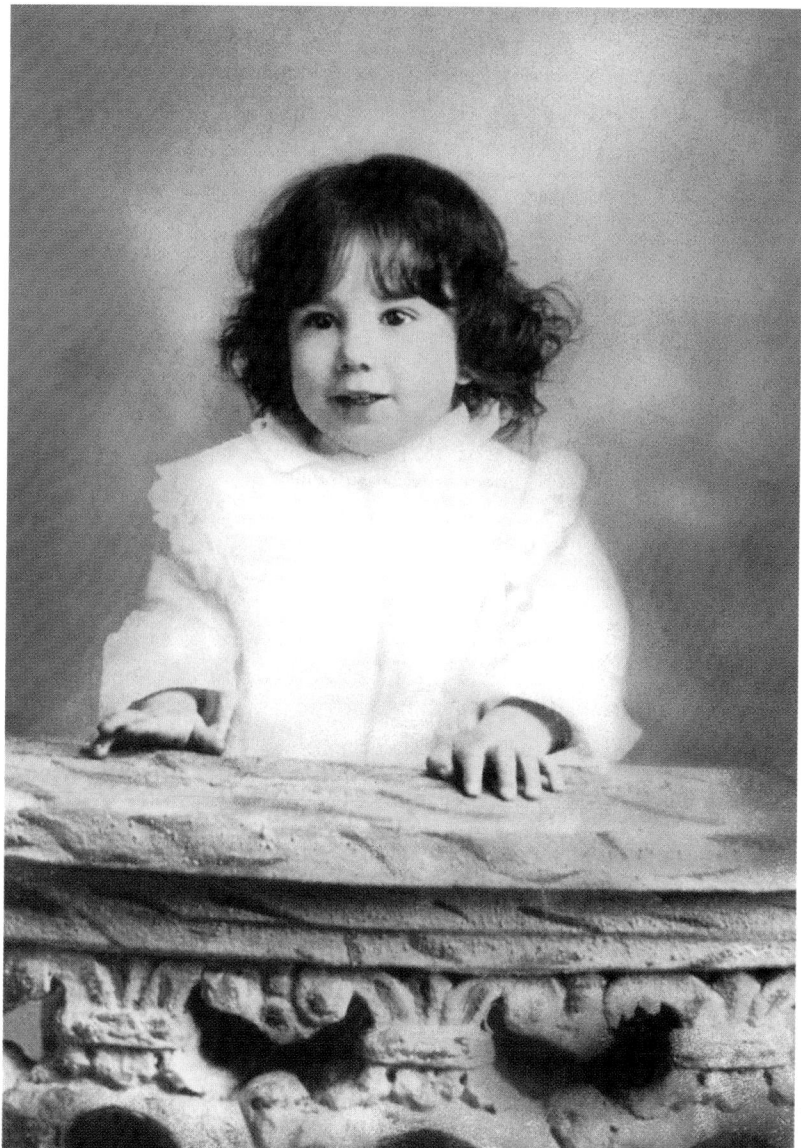

Retrato de Germán Arciniegas a los tres años.

Álbum fotográfico

Segunda edición de su primer libro El estudiante de la mesa redonda, *1936*.

Con los caballitos de Ráquira, Boyacá, a los que dedicó un sentido homenaje en su libro América, tierra firme, *1937.*

Álbum fotográfico

Arriba: *En Estados Unidos, en 1940.*

Abajo: *Mientras vivía en Italia, Germán Arciniegas entrevistó a los habitantes de los alrededores de Roma para un libro de testimonios que nunca publicó.*

Gabriela Vieira Llano, su esposa, circa 1957.

Álbum fotográfico

Álbum fotográfico

Arriba:

*En su biblioteca bogotana, rodeado por los libros
y documentos
que lo acompañaron toda la vida.*

Páginas anteriores:

*Con Pepito, su gato, en 1990.
Arciniegas lo adoraba y a él dedicó
un libro publicado póstumamente en 2005.*

Se gastaban veinte días y "viajar en buque era glorioso porque se armaban unas amistades muy turísticas". De Río de Janeiro a Montevideo hubo una tensión desbordante, pues en el mar los británicos perseguían a un acorazado alemán que buscaba refugio en Suramérica. Cuando llegaron a Montevideo, por vez primera Arciniegas se sintió metido en el centro de la historia. Al fondo, cerca de los muelles, el acorazado alemán estaba convertido en una inmensa llamarada. Su capitán le había prendido fuego.

La Argentina emergía de pronto como el punto de refugio de montones de europeos. Cuando la familia Arciniegas desembarcó en Buenos Aires, la ciudad estaba llena de españoles refugiados. Muchos eran allí los que creían que Hitler iba a triunfar. Cuando el canciller colombiano, López de Mesa, visitó Buenos Aires para inaugurar la estatua del general Santander, el presidente Ramón S. Castillo le dijo: "Canciller, no se equivoque. Lo que es los nazis ganan esta guerra y el más grande error que podríamos cometer nosotros sería ponernos en contra de esa realidad".

No obstante, la Argentina fue como un oasis en medio de la barbarie de los años cuarenta. No lo imaginaba Arciniegas, pero en la Buenos Aires de la Segunda Guerra Mundial iba a codearse con lo más granado de la intelectualidad de los dos mundos. Su primer gran amigo entre los refugiados españoles resultó ser el excéntrico y retrógrado don Ángel Osorio, quien había sido presidente del Consejo de Ministros del rey Alfonso XIII. De inmediato, el viejo monárquico le tomó cariño al joven consejero colombiano y lo adoptó como si fuera su hijo. Un día le dijo: "Mire, Germán, usted no se ha dado cuenta, pero usted es una persona que Colombia va a necesitar, usted no se cuida, usted ya está en edad de escoger su enfermedad. Yo le aconsejo la diabetes. Mire que yo tengo diabetes y estoy vivo perfectamente, no tengo problema ninguno. Si usted escoge su enfermedad, va a donde un médico especialista, se la encuentra y entonces ya los demás males se los curan, porque ese no es su mal".

En otra ocasión le dijo: "Mire usted, Beethoven no tenía inspiración ninguna, cogía un motivo y repita y repita. ¿Cómo se va a comparar eso con la riqueza de una zarzuela donde encuentra usted una cantidad de temas, los más diversos?".

Dice Arciniegas que probablemente en ninguna parte como en Colombia se leyó tanto y en forma tan entusiasta a escritores como Ortega y Gasset, que entre los dos, según el chiste de Borges, "no hacían un filósofo". En Colombia se leían no solamente todos sus libros, sino su famosa *Revista de Occidente*, que era la biblia de la intelectualidad de la época. Y ahora lo encontraba en Buenos Aires. Recordaba especialmente el inicio de una de sus conferencias: "El filósofo es lo mismo que un peluquero, con una diferencia; que a tiempo que el peluquero corta el pelo en uno, el filósofo corta el mismo pelo en cuatro". Era agradable, Ortega. Una figura de farándula. Las señoras se volvían locas por él. Pero a Arciniegas lo indignaba. Hizo una conferencia de dos horas sobre Juan Luis Vives, en la que no lo mencionó una sola vez. Al final dijo que era posible que en el auditorio hubiese gente curiosa a la que le interesara la frivolidad de las anécdotas y quisiera saber algo particular y concreto sobre Vives. Y concluyó: "Voy a darles gusto y voy a decirles lo esencial de la vida de Luis Vives. Luis Vives fue un filósofo que nació, creció y se murió".

Pocas mujeres en el mundo han gozado de la belleza, de la riqueza y del prestigio de Victoria Ocampo. Era una figura mundial, y los grandes príncipes, así como los intelectuales del mundo entero, se preciaban de ser sus amigos. Vivía en una casa enorme, El tigre, donde hospedaba a sus siempre ilustres invitados. Tenía también una casa en Nueva York, donde conoció Arciniegas a Igor Stravinski y a los hermanos Aldous y Julian Huxley. Quien se acercaba a Victoria tenía la posibilidad de encontrarse con mil personas. Una escritora argentina le confesó al colombiano que las mujeres en su país sólo tenían una meta: llegar a ser como Victoria Ocampo. Para Ortega, dice Arciniegas, todas sus ilusiones consistían en poder estar cerca de ella. En la sociedad de Victoria se hablaba en francés, un poco menos en inglés, y algunas veces, en el colmo del refinamiento, hasta en español.

Pero su prestigio se debió ante todo a su revista *Sur*. Recordemos que una parte de la fama de Jorge Luis Borges, por sólo mencionar al más ilustre, surgió de su colaboración en ella. Victoria Ocampo se daba el lujo de descubrir talentos, incluso en un ambiente tan cerrado como el francés. Ella "hizo" a Roger Caillois, quien llegó como estudiante a la Argentina y terminó siendo miembro de la Academia Francesa. Del mismo modo descubrió a Denis de Rougemont, quien sostenía la existencia del diablo, que para él era un espíritu que estaba introduciendo la violencia y la guerra en Europa.

Perón perseguía a los intelectuales. Borges fue nombrado inspector de mercados y su hermana Nohra fue a parar a la cárcel. Un día, por orden de Perón, Victoria también fue a parar a la cárcel de prostitutas. Una vez liberada le dijo a su amigo Germán: "Cuánto le agradezco a Juan Domingo esa oportunidad que me dio de conocer lo que no conocía en mi propia tierra: la grandeza de la mujer más baja y desposeída que tenía en mi propia ciudad".

No obstante, cuando volvió Perón por vez segunda a la presidencia, Victoria, ante el peligro de la confiscación de sus bienes, regaló a la Unesco su casa de campo en San Isidro, que hoy es uno de los museos de las letras más importantes del mundo.

Otro personaje que apareció de pronto a vivir en casa de Victoria Ocampo fue Rabindranath Tagore, una especie de "hindú profesional"... Arciniegas, con mucha razón, no sabía nunca de qué estaba hablando este oriental con facha de embaucador. Anotaba que uno no tiene ni idea de qué es lo que dice Tagore, que por el mismo camino llegaron él y Juan Ramón Jiménez al Nobel y que buena parte de la literatura de Jiménez debe mucho en estilo y en gusto a la de Tagore.

El célebre escritor español Ramón Gómez de la Serna era el tipo más genialmente divertido que hubiera conocido el colombiano en mucho tiempo. Andaba siempre con trucos como de mago. Se divirtió en Buenos Aires más que el resto de su vida en España. El día era su noche y la noche su día. Empezaba a trabajar regularmente a las seis o siete de la noche, hora en que los demás cenaban. Tomaba el desayuno a esa hora.

Luis H. Aristizábal

Hacia las doce de la noche le daban el almuerzo, a las seis de la mañana cenaba, se acostaba y dormía todo el día. Cuando su esposa Luisita tenía que ir donde el peluquero don Ramón "se metía la trasnochada", pues era muy celoso. La acompañaba y se sentaba hasta que terminaban de arreglarla. Escribía siempre en tinta roja sobre hojas amarillas. El estudio lo tenía forrado, todo cubierto de láminas, más o menos como un baúl de sirvienta. Don Ramón tenía admiradores, sí, pero dentro de un círculo muy estrecho y exclusivo. Su amistad con Arciniegas nació a través de los escritos que éste le publicaba en sus revistas. Era muy amigo de Ortega, pero un día le dijo a Arciniegas que había resuelto no volver a visitar al filósofo porque le indignaba que cada vez que había un ataque nazi éste iba a saludarlo y le dejaba una tarjeta de visita a la entrada.

Cuando Gómez de la Serna llegó a Buenos Aires le preguntaron por qué había llegado allí y contestó: "Por miedo y para conocer a Macedonio Fernández". Macedonio, que era como el maestro de Borges, era un tipo "loco como una cabra", aunque muy altruista y gran amigo, como pudo apreciar el colombiano. Otro buen amigo fue Guillermo de Torre, quien se había casado con Nohra Borges, la pintora, hermana de Jorge Luis Borges; ellos, a su vez, lo acercaron a la amistad del poeta Oliverio Girondo, quien poseía una inmensa colección de tunjos de oro colombianos.

En 1940 Arciniegas puso las bases, en un artículo en *La Nación* de Buenos Aires, de lo que treinta o cuarenta años

> Es indudable que Cervantes se inspiró en la vida del licenciado don Gonzalo Jiménez de Quesada para escribir su Don Quijote.

después vendría a llamarse "la nueva historia". De la experiencia en la Argentina surgieron algunas de las ideas que iría desarrollando con los años. Existen, dijo, dos Américas. La América del Atlántico y la América del Pacífico. En la del Atlántico todo lo español no tiene la importancia que en la del Pacífico y en la del Pacífico lo indígena carece de la importancia que se le da en la del Atlántico. El paso por Argentina dejó además un nuevo libro, *Los alemanes en la conquista de América*, publicado por Editorial Losada.

Por esos días llegó a Buenos Aires Stefan Zweig, quien preguntaba a todo el mundo por su amigo epistolar colombiano, el autor de *El estudiante de la mesa redonda* y de *Los comuneros*. Por casualidad un interpelado le dijo que aquél estaba en Argentina y que era su amigo personal. Al saberlo, Arciniegas decidió presentarse personalmente al escritor y le llevó su nuevo libro, que acababa de publicarse en Bogotá: *Jiménez de Quesada*. Desde entonces se inició una estrecha amistad. Uno de los primeros consejos de Zweig fue sobre el nombre del nuevo libro: "Con ese nombre usted no va a ninguna parte. Póngale, por ejemplo, *El caballero de El Dorado*".

Desde ese momento el libro quedó rebautizado y su primera edición internacional, hecha por Losada, así lo titula. Además Zweig tomó el libro como si fuera uno propio y lo envió directamente a su traductor al inglés y a su editor en Nueva York.

El estilo de *El caballero de El Dorado* era aún más ameno que el de *Los comuneros*. Libro deliciosamente leve, decía Luis Alberto Sánchez. El tema de la conquista de Bogotá estaba narrado con indudable acierto. La perspectiva, sin duda, era literaria. Arciniegas se emancipaba para siempre del rigor histórico y, sobre todo, como de costumbre, lanzaba propuestas insólitas, pero una por encima de todas las más insólitas, una idea que a nadie hasta entonces se le había ocurrido: que don Miguel de Cervantes se inspiró en la vida del licenciado don Gonzalo Jiménez de Quesada para escribir el *Quijote*. Fue una de esas ideas sensacionales que conmueven el mundo intelectual al mismo tiempo que a los medios. Al parecer, el primero en enterarse de ella, en una conversación que sostuvieron en un avión, fue el propio Zweig.

Como su fama iba creciendo, en 1941 Arciniegas viajó a Nueva York, invitado a un congreso de escritores. En una comida se entretuvo conversando sobre temas americanos con su vecino. Al terminar la comida, su esposa Gabriela le preguntó:

—¿Qué era lo que tanto hablabas con André Maurois?

Arciniegas no tenía idea de con quién había estado hablando.

En la reunión de escritores, "un viejo muy simpático" presidía las sesiones. Cuando terminó la conferencia, uno de los organizadores dijo al visitante colombiano que si tenía interés en relacionarse particularmente con alguno de los asistentes le encantaría presentarlos. De inmediato contestó:

—Tengo muchas ganas de conocer a Dewey.

No sabía que Dewey se pronunciaba "Dui". Resulta que el viejo que presidía todas las sesiones era Dewey y no se había dado cuenta.

Arciniegas iba ya de regreso a Buenos Aires cuando el destino dispuso otra cosa, pues el presidente Eduardo Santos, junto con Alberto Lleras, decidieron no dejarlo continuar el viaje y llamarlo a ocupar el Ministerio de Educación.

De ministro de educación a escritor de renombre

Alfonso López creó la mayor escuela del país, la Normal Superior, y puso al frente al célebre Paul Rivet. La nómina de profesores incluía a don Luis de Zulueta, uno de los más importantes intelectuales españoles en el exilio. Con Arciniegas como ministro, la Normal se convirtió en la institución educativa más importante del país. Así mismo, puso como directora del Colegio Mayor de Cundinamarca a doña Ana Restrepo del Corral, quien años más tarde sería la fundadora del Gimnasio Femenino. Igualmente, le cupo a Arciniegas firmar la ley que creaba el Instituto Caro y Cuervo, iniciativa en grandísima parte del sacerdote jesuita Félix Restrepo, y crear la Biblioteca Popular y de la Cultura, que alcanzó 130 títulos de los más selectos autores colombianos a precios al alcance de todos los bolsillos.

Arcniegas se dio el lujo de invitar al país a varios de los escritores que había conocido en Argentina. Entre ellos, Stefan Zweig, quien vivía en Petrópolis, en Brasil, huyendo de la persecución de Hitler. Zweig era un hombre amargado. Había tenido que abandonar sus tesoros. En Londres había dejado, por ejemplo, una de sus más preciadas pertenencias, el piano en el que Beethoven componía sus sonatas. Ernest Fer, en *Mis últimas conversaciones con Stefan Zweig*, relata que la misma noche del suicidio de éste y de su esposa estuvo comiendo con ellos y que se había enterado de la invitación de Arciniegas. Zweig sólo comentó que aunque admiraba mucho a Arciniegas y le gustaría ir a Bogotá había razones muy poderosas que le impedirían hacer el viaje.

El ministro invitó entonces, entre otros, a León Felipe, "jugándome el ministerio, porque él era muy conflictivo", y cada vez que podía cazaba peleas por cuestiones religiosas. Luego llegarían Jorge Guillén, Pedro Salinas y otros más.

Como no había un museo dedicado a la época colonial, el ministro le dijo al presidente Santos:

—¿Qué tal si hacemos el Museo Colonial en la casa que ocupa el Ministerio?

Sin vacilar, Santos le respondió:

—Hágalo, hágalo.

Pero no le dio ni un centavo.

Con la ayuda del padre Francisco Mejía, rector del San Bartolomé, todo fue hecho en muy poco tiempo. A la hora de llenar el museo, Arciniegas se dirigió a las hermanas Pardo, herederas de la mayor colección de la ciudad, que incluía, entre otras muchas cosas, más de cien dibujos de Vásquez Ceballos, y le pidió al presidente que le regalara esa colección. Como cosa excepcional el presidente, muy celoso de su tiempo, accedió a visitar a las dueñas. Al llegar a su casa, Santos dejó en el vestíbulo su sombrero inglés Stetson, de fieltro finísimo, mientras iban viendo los objetos artísticos. Demos la palabra a Arciniegas: "El encuentro que teníamos planeado, de pocos minutos, se fue convirtiendo en lo que eran las visitas de zaguán. Interminables. Las Pardo se desbordaron ofreciéndonos colaciones y agüita de yerbabuena, y el presidente, que era maestro en despedir visitantes, no encontró manera de acortar el encuentro".

Finalmente, salieron, y todos felices: Arciniegas por la importante adquisición y las Pardo "por haber vendido por nada lo que era en realidad un museo que les ocupaba la casa".

El día de la entrega, entre sonrisa y cinismo, el ministro les hizo ver todo el tiempo que le habían robado al Presidente. Ellas, con no menos picardía, le respondieron:

—Figúrese usted lo que pasó. Si usted sufrió, nosotras estábamos muriéndonos... El gato se había orinado en el sombrero, y tuvimos que, a fuerza de agua, jabón y plancha, dejarlo como nuevo.

Fue la primera obra de restauración importante para el Museo Colonial...

El ministro fue invitado al II Congreso de escritores de La Habana. Allí conoció a Jules Romains, el autor de *Los hombres de buena voluntad*. Le pareció presumido y vanidoso, muy pagado de sí mismo. Conoció, igualmente, al conde Carlo Sforza, uno de los grandes adversarios del fascismo, enemigo de Mussolini y, finalmente, a Thomas Mann: "Siempre he creído que esos hombres geniales, como Thomas Mann, o como Gide, o como Valéry, deben tener necesariamente un distintivo físico que los diferencie de los otros mortales, una cualidad específica que los distinga y nos permita reconocerlos entre la multitud". Pero Thomas Mann no le pareció más que un hombre común y corriente, sin la cordialidad de Zweig, poco comunicativo, incluso melancólico. Claro está, reflexionaba, que uno en presencia de tales hombres no hace sino decir cosas triviales.

Durante la guerra se volvió habitual para Arciniegas dictar conferencias y recibir premios en los Estados Unidos. Así, estuvo en la Universidad de Columbia, en Chicago y en Oakland, que se jactaba de "exhibir" a cuatro monstruos de la cultura universal entre sus profesores: la doctora Reinhardt, pionera rectora de una universidad americana, André Maurois, Darius Milhaud y Germán Arciniegas. Finalmente estuvo como profesor invitado en Berkeley. Ya había sido nombrado vicepresidente de la Academia Colombiana de Historia y dos meses después sería miembro de número de la Academia de la Lengua. A pesar de los homenajes, Arciniegas desconfiaba de las academias y alguna vez declaró: "Aquí llaman escritores a unos tipos que han trabajado mucho, escrito mucho. Pero fíjese en una cosa muy curiosa: ningún gran escritor ha llegado a la Academia de la Lengua. Ni León de Greiff, ni García Márquez, ni Tomás Carrasquilla, ni José Eustasio Rivera". Su discurso de recepción a la Academia de Historia se tituló *La historia y la novela*. Hablaba en él de la veracidad en la novela y aludía a la mentira en la historia, y concluía: "Esta es la verdad más tremenda de las novelas: que de ser tan ciertas, nos parecen fantasía". En julio de 1943 apareció un artículo en *Selecciones* del Reader's Digest: *Bolívar, el hombre de la gloria*. Por vez primera se enfrentaba en un texto a un tema que sería constante durante la última mitad de su vida: Simón Bolívar.

Las ideas educativas del ministro eran bastante originales. Rechazaba dogmas como el de la escuela para todos:

> Después de todo un niñito del valle de Sotaquirá que se quede sin escuela puede ser un buen campesino y llenar con relativo éxito su función social y sus propios ideales sin recibir el beneficio de la educación. Llegar hasta ese niño puede ser un problema que se demore en atender el Gobierno, porque fatalmente ha de ser lenta la construcción de las escuelas rurales y su provisión de maestros adecuados. En cambio hay una necesidad apremiante que es la de establecer la escuela obligatoria en las ciudades. El niño de la ciudad que no va a la escuela queda de hecho incorporado en lo que podríamos llamar el servicio de la delincuencia infantil obligatoria.

Hay que anotar que en 1948 el párroco de la población boyacense de Sutatenza tuvo una idea genial: utilizar la radio para educar al pueblo. Así fundó Radio Sutatenza, una emisora que durante medio siglo tuvo una importancia primordial en la educación del campesino colombiano.

Germán Arciniegas se había ido convirtiendo en el gran defensor del continente americano. Tres nuevos libros vieron la luz en 1945. El Fondo de Cultura Económica publicó en México *Este pueblo de América*, en el cual desarrollaba una nueva idea: que la democracia y la idea de la democracia son americanas y casi antieuropeas. Al mismo tiempo, en Colombia aparecía su recuento de la vida en los Estados Unidos, *En el país de los rascacielos y las zanahorias*.

La historia tiene que extraerse de fuentes muy diversas para que tome vida.

Luis H. Aristizábal

En dos tomos, era un curioso libro "costumbrista", como bien señaló Jaime Posada, en cuanto significaba un encuentro, sin adulteraciones, con la realidad de una época, con sus sentimientos y sus pequeños quehaceres. Igualmente, aparecía en Argentina *El pensamiento vivo de Andrés Bello*. En este último, su contribución personal era menor: un largo artículo de introducción sumado a una selección de textos del maestro venezolano. A Arciniegas le atrae la estampa de Bello como investigador infatigable de todos los temas posibles, que revolvía bibliotecas y acudía a búsquedas heroicas en su gran taller de trabajo, que era el Museo Británico. La producción del Arciniegas escritor ya era impresionante. Pero estos tres libros eran apenas el abrebocas del gran volúmen que habría de conmocionar al mundo americano de mediados de siglo y que hoy por hoy sigue siendo la mejor carta de presentación de su autor y su obra más conocida en todos los ámbitos: la inmensa *Biografía del Caribe*. Simplemente era la historia de la América del mar Caribe, pero al estilo de Germán Arciniegas: desabrochada y rica en paradojas. Era toda una novedad, tanto en el fondo como en la forma. Terminaba, de manera más que original, con un prólogo: "Este libro de historias, como todos los libros de historia, ha de cerrarse, paradójicamente, con un prólogo, porque al final de la historia está el prólogo de la vida". América era ahora la gran olla podrida del mundo. "Allí cada nación arroja un nuevo grupo de colonos, cada continente un color, cada lengua un acento, hasta hervir una de esas espumosas ollas podridas que son la gloria del puchero universal". El mar Caribe tiene desde entonces una vida propia, una biografía. *Biografía del Caribe* es un libro que todavía hoy se lee con gran placer. También se advierte en él que como historiador, Arciniegas conoce mucho mejor sus fuentes y la historia universal de lo que sus enemigos quieren. Estamos lejos aún de haber calibrado la importancia de este libro, uno de los que más influyó en la concepción por parte de García Márquez del Caribe como un mundo propio, como una unidad que será la base de su narrativa.

En enero de 1945, Arciniegas organizó la *Revista de América*, con Roberto García Peña, como una publicación de *El Tiempo*. En la práctica, vino a sustituir a la *Revista de las Indias*, que estuvo en sus manos de enero de 1939 a mayo de 1944. La lista de los que serían sus colaboradores es interminable. Y aunque seguiría espiritualmente al tanto, mientras de ella se encargaba Jaime Posada, se tuvo que retirar para regresar al Ministerio de Educación. Infortunadamente, el doctor Santos decidió acabarla. A pesar de la riqueza de sus colaboradores, Cobo Borda estima que la *Revista de América* da una curiosa sensación de "revista oficial", que su lectura tiene un tono insípido, un material simplemente anodino y un aire de falta de libertad y de censura oficial.

> Lo que diferencia radicalmente a los 152 millones de latinoamericanos de los 150 millones de estadounidenses es el hecho de que éstos son 150 millones de gentes satisfechas, y aquellos son 152 millones de insatisfechos.

El nuevo presidente, por renuncia de López, era Alberto Lleras. Arciniegas le aceptó el Ministerio con una condición:

—Me dejas hacer el Museo Nacional en el Panóptico.

Lleras le dio luz verde.

Luis H. Aristizábal

Era el Panóptico la cárcel de la ciudad, "la gran porquería del centro de Bogotá". El gobernador de Cundinamarca aceptó abrir apresuradamente la cárcel Modelo, que estaba en construcción, y los colaboradores del ministro trabajaron día y noche tumbando calabozos hasta convertirlo en una galería abierta. Al coronel Diógenes Gil, que estaba allí por haber intentado un golpe de Estado, le dio el contrato de carpintería y éste puso a trabajar a los otros presos. Como directora, Arciniegas nombró a Teresita Cuervo, "una especie de Eduardo Lemaitre con faldas en su embeleso fanático por Laureano Gómez", quien acabó abriendo en el eje del edificio una sala consagrada a glorificarlo.

En 1946 el Partido Liberal estaba dividido entre dos caudillos: Gabriel Turbay, de origen sirio-libanés, y Jorge Eliécer Gaitán, quien emprendió una campaña racista de descrédito contra su adversario. De todos modos, en las elecciones Turbay venció a Gaitán, hecho que la historia casi ha olvidado; aunque fue una victoria pírrica de la que jamás pudo recuperarse, puesto que gracias a la división liberal un conservador, Mariano Ospina Pérez, llegó a la Presidencia de la República.

Cuando en 1946 Arciniegas regresó a vivir a los Estados Unidos, el azar le puso como vecino de casa al excéntrico Salvador Dalí. En Nueva York hizo amistad con Juan Ramón Jiménez. Gabriel Turbay, que estaba en Washington, invitó un día a almorzar a Arciniegas y le pidió que le diera algunos nombres de personas para invitar. Arciniegas le dio el de Juan Ramón. En la mesa se lo puso a la derecha y conversaron muchísimo. Al salir del almuerzo, Turbay le preguntó:

—¿Quién es ese tipo?
—Pues Juan Ramón Jiménez.
—¿Jiménez de Bogotá?
¡Era la primera vez que Gabriel Turbay oía hablar de Juan Ramón Jiménez!

Semanas después, Arciniegas se encontró con un amigo que venía de conocer a Gabriel Turbay y que con gran entusiasmo le dijo:

—¡Qué tipo tan culto, Turbay! ¡No te imaginas el estudio que me ha hecho y el conocimiento que tiene de Juan Ramón Jiménez!

La anécdota anterior no desmerece a Turbay. Aunque no era hombre muy cultivado, cuando un tema atraía su atención lo estudiaba hasta saber sobre él más que cualquiera. Turbay era un solitario que vivía en hoteles. En Bogotá residió durante muchos años en el hotel Granada. Era un hombre proclive a la depresión. La derrota en las elecciones de 1946 lo convirtió en un fantasma. Se marchó a París y vivió en el hotel Plaza Athenée, en la Avenue Montaigne y asistía casi a diario a los conciertos de su vecino teatro de Champs-Elysées. Era también asmático. Una mañana de noviembre de 1947 su cuerpo apareció sin vida en su exclusiva habitación del hotel.

Las mujeres bien vestidas que se ven en París son argentinas.

Acaso convencido de que llegaría a la mayor ancianidad, en 1948 Arciniegas decidió celebrar la mitad de su vida de una manera original, escribiendo la única novela dentro de su enorme producción. Y la bautizó *En medio del camino de la vida*.

El futuro demostró que sus cálculos no estaban desencaminados. Pero, ¿en verdad se trata de una novela? El propio autor comentó: "El único libro que he publicado diciendo que es novela, es el más lejano de todos a la ficción. Lo lancé así de miedo. Se trataba de un viaje de una docena de emigrantes de quienes recogí sus relatos, y tanto temor tuve a que pudieran montarme un pleito por difundir sus vidas, que advertí en la primera página: todo esto es ficción, es decir, mentira. Jamás había estado más cerca de la verdad".

Días después de la aparición del libro un acontecimiento iba a partir en dos la historia del país: el 9 de abril de 1948. Escribió Silvio Villegas que nadie hubiera podido evitar la elección de Gaitán en 1950. Pero se atravesó un 9 de abril que fue, para Alberto Zalamea, "la venganza de los esclavos, porque eso eran todavía millares de colombianos", o un "conmovedor y cómico carnaval de la miseria", como dijo Abelardo Forero Benavides. "La verdad —dice Daniel Samper Pizano— es que el pueblo empezó pidiendo venganza, y acabó pidiendo electrodomésticos".

Ese día no sólo desaparecieron muchos edificios y el tranvía. Los agitadores incendiaron el Ministerio de Educación, que quedaba en la avenida Jiménez, en cuyos bajos funcionaba el célebre Café Automático, sucesor del Windsor. León de Greiff trabajaba en el Ministerio y solía bajar al café, donde escribía casi todos sus poemas. Estos, casi milagrosamente, se salvaron del incendio y Carlos López Narváez interpretó así el suceso: «Incendiado Ministerio de Educación. Manos criminales salvaron poemas de León de Greiff».

Tras el asesinato de Gaitán, Ospina llamó a los liberales a colaborar en su gobierno. Había tenido que clausurar el Congreso, que era de mayoría liberal. Pero ya la violencia política estaba desencadenada. Alegando motivos de seguridad el Gobierno conservador inició una feroz represión que sólo terminaría, parcialmente, con la llegada del general Gustavo Rojas Pinilla al poder en 1953 y, totalmente, con la caída del general y el inicio del Frente Nacional en 1957.

Dice Daniel Samper Pizano que aquella fue una época tan, pero tan violenta, que la llamamos La Violencia. Tuvo un carácter distinto de una guerra regular. De hecho, casi no hubo muertos en combate, ni de la guerrilla, ni del ejército, ni de la policía, ni de la contraguerrilla. Casi todo fue entre civiles, grupos armados legales o ilegales de un partido, que sometían en un territorio a toda la población. Se han dado muchas explicaciones sobre sus causas y desarrollo, pero pocas han sido las conclusiones convincentes. Tampoco se dio en todas partes con la misma virulencia. Mientras el Tolima fue el territorio que más sufrió, en la Costa Atlántica pasó casi desapercibida. Los más famosos y temibles asesinos fueron los llamados "pájaros". Quizás el más nombrado fue, en el norte del Valle del Cauca, el *Cóndor*, León María Lozano, protagonista de la novela *Cóndores no entierran todos los días*, de Gustavo Álvarez Gardeazábal. La literatura sobre la violencia dejó algunas obras maestras, como *El día señalado* de Manuel Mejía Vallejo, *El Cristo de espaldas* de Eduardo Caballero Calderón y *La mala hora* de Gabriel García Márquez. De resto sólo dejó muerte y desolación. La cifra de trescientos mil decesos es la favorita de los historiadores. Pero después algo ocurrió, algo que no ha sido todavía advertido por las nuevas generaciones. Si bien en 1950 medio millón de colombianos se podían degollar entre sí por ser liberales o conservadores, al llegar el año 2000, aunque Colombia era considerado el país más violento del mundo y la gente se mataba por muchos motivos, el que hubiera alegado que mató a alguien por ser liberal o conservador habría sido visto como un loco escapado del manicomio. La violencia partidista, es un hecho innegable, se había olvidado por completo.

La Violencia tuvo sus días álgidos. No fue sólo el 9 de abril. Episodio hoy poco recordado es el de ese otro día aciago, el de la violencia sangrienta en la Cámara, el 8 de septiembre de 1949, una de cuyas víctimas, la más ilustre y triste, fue Jorge Soto del Corral, gran amigo de Arciniegas desde la edad temprana, muerto cuatro años más tarde por las secuelas de una bala perdida aquella noche. Después, siendo presidente Laureano Gómez, el 6 de septiembre de 1952 turbas conservadoras saquearon y quemaron en Bogotá los periódicos *El Tiempo* y *El Espectador*, así como las residencias de Alfonso López y Carlos Lleras Restrepo.

> La novela latinoamericana es en general un documento más exacto que la historia.

Era la mitad del siglo, Arciniegas llegaba a los cincuenta años y se publicaba en Cuba su primera biografía: *Vida y obra de Germán Arciniegas*, de Federico Córdova, que, en esencia, era una síntesis de sus primeros doce libros. El Consejo Británico invitó durante un mes al escritor y a su esposa a visitar Inglaterra. Aprovechó entonces para viajar a Italia. Quería conocer Florencia e investigar sobre la vida de Simonetta Vespucci. Su interés por el personaje venía de las conferencias de Prezzolini sobre Maquiavelo en la Universidad de Columbia, donde hablaba de la familia florentina Vespucci, o Vespuccio. Arciniegas se prometió a sí mismo reconstruir algún día la vida de esa bellísima Simonetta, que fue la inspiración de Poliziano y de Boticelli, y que cuando murió fue llevada con la cabeza destapada por las calles de Florencia; uno de los más impresionados con ese cortejo siniestramente hermoso fue Leonardo Da Vinci. Tal era su interés en el tema, que el embajador en Roma, Jorge Zalamea, decidió acompañar a los Arciniegas en la empresa y los alojó por su cuenta en el hotel San Giorgio, el mejor de Florencia. Buscaron a Piero Bargellini, autor de un maravilloso libro sobre Botticelli, y Bargellini de inmediato los puso en contacto con el famoso escritor Giovanni Papini. Zalamea entonces organizó un almuerzo para ellos. Europa estaba en un estado deplorable. Tiempo después los invitados le confesarían a Arciniegas que el almuerzo de Zalamea les había caído en gracia porque hacía varios años que no se sentaban a una mesa con tal abundancia de comidas y bebidas y que aquello había sido para ellos casi una profanación. Desde entonces, Papini los invitó todos los domingos a su casa, donde se reunían los intelectuales de Florencia a discutir sobre todos los temas, como en los días de la Academia Platónica de Lorenzo el Magnífico y de Marsilio Ficino. Y un día le dio por mortificar a Arciniegas... Con gran seriedad, le dijo que la contribución de América al mundo había sido ínfima si se la miraba como contribución de hombres de genio al progreso de la humanidad. Ni siquiera un gran hereje salió de América, ni filósofos originales, ni sistemas propios. Si hubiera habido un solo genio de excelsa grandeza nadie en Europa lo hubiera ignorado. América lo recibió todo de Europa y nada había devuelto porque la energía espiritual de sus gentes se había agotado en la lucha por la existencia y en las estériles contiendas políticas...

Arciniegas, sin mosquearse, le devolvió el reto con una sonrisa:

—Si en verdad usted cree en eso que me está diciendo, lo desafío a que lo publique.

Entonces Papini, a sabiendas de la tempestad que iba a causar, lo publicó, y comenzó la más célebre de las polémicas en las que se vio envuelto Germán Arciniegas, a quien se le abrieron todas las puertas para su réplica. Los aportes americanos, dijo Arciniegas, no han sido de personas, sino de grandes ideas. América ha puesto la libertad, la tolerancia, la democracia, la república, la igualdad y la justicia por encima de las bárbaras hoguera y parrilla inquisitoriales, tan profundamente europeas. Lo que en América termina en la Independencia, en Europa acaba en el régimen del terror y la guillotina. La república de Robespierre duró tres años; la de los Estados Unidos lleva más de doscientos. Y, por si fuera poco, ha sido la válvula de escape para aliviar los excesos de población del viejo continente. Que el Nuevo Mundo no ha dado ni siquiera santos, reclama con cierta ingenuidad Papini. El que escruta elige, se le podría responder. Si Roma quedara en la Nueva

Granada, seguramente habría cientos de santos granadinos. Es fácil hacer santos a personajes inexistentes, como san Jorge, o a decapitadores de herejes, como el rey Luis de Francia, o de ingleses, como Juana de Arco, o, como pretenden los españoles, en un despropósito que despierta la ira de Arciniegas, a la intolerante reina que físicamente sacó de España a todos los árabes y judíos y que puso en manos de los dominicos la hoguera para los que se quedaran. "En Europa el santoral está cuajado de reyes, filósofos, heroínas y caballeros de lanza en ristre". "Cuando al Papa le dicen que Rosa de Lima es santa, responde: ¿mujer, limeña y santa? ¡Como si ahora llovieran rosas!".

> Cada establecimiento de europeos en América recuerda una persecución en Europa.

América, por el contrario, habría actuado como un desaguadero de tensiones, como la tierra de esperanza hacia la cual partían todos los perseguidos, todos los inmigrantes, todos los reprimidos por las dictaduras, las religiones, los imperios, las inquisiciones, el protestantismo, el catolicismo, el fascismo, el nazismo, el franquismo, el comunismo del viejo mundo.

Entre la libertad y el miedo fue en su tiempo un récord absoluto para un libro colombiano. Tuvo el raro mérito de aparecer primero en inglés y luego, poco a poco, en casi todos los idiomas del mundo. Tuvo el mérito adicional de ganarle a su autor un exilio en prácticamente toda Latinoamérica, empezando por su suelo natal, e incluso le valió una noche de cárcel en Nueva York —recordemos que también era la época del mal recordado senador MacCarthy—. Lo menos que se puede decir de él es que fue un libro muy valiente, una denuncia que nadie le estaba pidiendo al autor, un testimonio del valor de un demócrata convencido. Por lo demás, contribuyó como nada a orientar a la opinión pública europea acerca de los dictadores latinoamericanos, que cristalizaría en la "leyenda negra" que daría origen a una nidada de proyectos literarios, desde *El señor presidente* de Asturias, pasando por el patriarca de García Márquez, hasta *La novela de Perón* o *Santa Evita* de Tomás Eloy Martínez. "Por el libro de Arciniegas —escribió Haya de la Torre— Europa sabe hoy que los tiranos de allende y aquende la Cortina de Hierro son iguales".

El hecho fundamental en que se afirman hoy los gobiernos de facto o las simples dictaduras está en un juego de palabras que les permite mantener las apariencias de un sistema democrático libre en las fórmulas para la exportación internacional, combinado con un despotismo efectivo en el régimen interno.

Entre la libertad y el miedo fue un libro de combate en los años cincuenta; como tal conoció sucesivas ediciones. Hoy es un libro histórico más que periodístico. Arciniegas relata:

> En Buenos Aires se inventó un cuento que se ha hecho famoso. En la intimidad, discutían los ministros con Perón la manera de salir de la apertura económica que va a llevarlos a un abismo. Ya hay descontento en el pueblo, no se tiene confianza en los militares, y en las cárceles aumenta el número de los presos políticos. Dice un financista: "La historia de los últimos tiempos nos ha demostrado que la mejor manera de salir de la miseria es entrar en guerra con los Estados Unidos. Luego, ellos se encargan de reconstruir a

los países vencidos". Un rayo de luz ilumina todos los rostros. Perón, que se entusiasma por el primer momento, luego se torna silencioso. Una duda le asalta: "Bueno: les declaramos la guerra. Esto me parece magnífico. Pero... ¿y si de pronto la ganamos?...".

Pero no era un chiste. Perón de veras creía que iba a conquistar el mundo para la Argentina. Sin duda, la imagen de Perón que forjó Arciniegas ante el mundo contribuyó como nada a sembrar dudas acerca de esos dos personajes entre cómicos, folclóricos y siniestros que fueron Perón y Evita (la historia de una pesadilla, llama Arciniegas al episodio). Evita se apodera insensiblemente del lector: "La personalidad histórica de Perón no tiene nada único: pertenece a la familia de los dictadores pasados y presentes. Eva, Evita, en cambio, individualiza el caso argentino". ¿Cuáles son las ideas de Evita? Muy simples: "Todo se reduce a sustituir el imperio de las instituciones por el de su marido, o por el suyo". La verdad, que se desprende de sus discursos, es que bajo el manto de un cierto resplandor angelical manejaba un lenguaje cuartelario y soez, peor que el de cualquier sargento... Sus discursos —recuerda Arciniegas—, eran populacheros e incendiarios.

Las consecuencias del libro no se hicieron esperar. De Europa, los Arciniegas viajaron a los Estados Unidos. Al llegar a Nueva York, un oficial de aduana les dijo:

—La señora puede seguir a Nueva York. El profesor no; hay un expediente contra él y debe seguir a la isla de Ellis.

Era el miércoles 16 de septiembre de 1953. La acusación era la de siempre en esos días: comunismo. Después de una noche preso y aislado, y poco antes del primer interrogatorio, un oficial de servicio se le acercó y casi le pide un autógrafo:

—¿Ha leído usted los diarios?

La pregunta era absurda. A los presos no se les dejaba leer el periódico.

—No. ¿Qué dicen?

—Usted debería estar muy orgulloso.

Con retrato en primera página en varios de ellos y editorial en *The New York Times*, el profesor Arciniegas fue ese día noticia en todo el país y uno de los primeros casos que empezaron a derrumbar el mundo del siniestro senador MacCarthy. Sus amigos catedráticos habían puesto en marcha a los medios en defensa del atropellado profesor, tanto que uno de sus colegas en Columbia, días después del incidente insistía:

—Confiésame cuánto has pagado por esta propaganda.

Lo más triste es que luego se supo que el expediente había sido fabricado por el gobierno conservador en Bogotá y enviado a las autoridades norteamericanas. Era la secreta venganza por haber escrito *Entre la libertad y el miedo*, paradójicamente uno de los más enérgicos ataques al comunismo de su tiempo:

—El laureanismo se nutría de odios y una de las cosas que odiaba era a Arciniegas.

Laureano no era sanguinario a pesar de la propaganda que la historia ha forjado en su contra. Pero los tiranos del Caribe sí que lo eran. Los mismos Estados Unidos se las habían arreglado para colocarlos en sus cargos, dizque para hacerle frente al comunismo. Y ahí estaban instalados todos ellos: Somoza,

Batista, Trujillo... Arciniegas los había señalado con el dedo. Y eso no les gustaba. El prestigio y la fuerza de su libro podía medirse por el número de países en los que fue prohibido. La infame historia de Jesús Galíndez, un vasco que había escrito su tesis de doctorado sobre el dictador dominicano, fue contada por Vargas Llosa en *La fiesta del chivo*, y es un buen ejemplo de las aguas fangosas en las que se movía ahora el periodista colombiano. Los esbirros de Trujillo no tuvieron ningún problema en atrapar a Galíndez, en pleno Nueva York, cuando acababa de encontrarse con Arciniegas, para llevárselo en avión a Ciudad Trujillo, con la absoluta complicidad de los mismos que habían atrapado al colombiano en la isla de Ellis. Después de tenerlo en una prisión en medio de las más atroces torturas, en una de las cuales fue obligarlo a comerse físicamente su propio libro, lo arrojaron desde un avión a los tiburones. De modo que no era poco lo que había que temer, pero lo único que consiguió Trujillo fue que se escribiera un documento bastante divertido, *Adversus Arciniegas (Crítica violenta)*, de Pedro González Blanco, un mediocrísimo escritor, que apareció en México en 1946, pagado por el dictador, sobre el que el atacado sólo comentó: "Al menos no me mandó matar".

> El Gobierno colombiano había pensado aprovechar la ley MacCarthy graduándome de comunista, y el arma se volvió en su contra.

En 1953 terminó sorpresivamente el gobierno de Laureano Gómez. Abandonó el país y dejó el mando a Roberto Urdaneta Arbeláez, quien de inmediato lo cedió al general golpista Gustavo Rojas Pinilla. La dictadura de Rojas Pinilla es calificada por Abelardo Forero Benavides como un caso único en la historia: "Rojas Pinilla no necesitó para llegar al santuario del poder el forzar una puerta, el tocar un timbre, el hacer un tiro. Entró como a casa propia y en el umbral el ex presidente lo recibió con la más amable de sus sonrisas". Arciniegas escribió: "Es un caso único en la historia en que la salida de un hombre del país produzca por sí solo júbilo inmortal". Y añadió: "Si Laureano se hubiera quedado en Colombia e impuesto su Constitución, hoy Colombia sería el país más cerrado y siniestro de América". Y eso lo consigna ni más ni menos que en un capítulo que añadió en la segunda edición de *Entre la libertad y el miedo*, que se apresuró a publicar para que Laureano no escapara de ese catálogo de la infamia.

Roberto Urdaneta Arbeláez fue, según Abelardo Forero, un diplomático nato, miembro de la "holguinarquía" reinante, que accedió a la presidencia a punta de almuerzos. "Los almuerzos y las comidas tienen su repercusión y su importancia en el desarrollo de la política. Todo se arregla o se descompone en los almuerzos. Hay especialistas en ofrecerlos y especialistas en recibirlos". Urdaneta habría llegado a ser presidente para tener el placer de escuchar el himno nacional al llegar a los banquetes. Esto le contó un día a Abelardo: "Los conservadores sostienen que yo no le he prestado servicios a mi partido. Pero eso no es cierto. ¿Ves ese canapé...? Que me sirva de testigo. Cuando Alberto Lleras fue nombrado Presidente de Colombia por primera vez, yo insistí con Laureano Gómez para que se entrevistara con él. Se mostró muy renuente. La primera vez que los reuní predominó el hielo. La segunda vez estuvieron más cordiales. La tercera vez me retiré con prudencia para que pudieran besarse tranquilos".

Llama la atención que Arciniegas escribiera que Rojas Pinilla era "un hombre sencillo, un ingeniero, un hombre que inspira confianza". Claro, eso significaba en el momento haber salido de Laureano Gómez; pero años después la arremetida del escritor sería aún peor contra Rojas que contra Laureano. Los comienzos de Rojas fueron esperanzadores. Entre otras cosas, en unas pocas semanas logró desarmar a las guerrillas del Llano y la violencia remitió en casi todo el país. Populista, Rojas hizo muchas obras importantes, sobre todo en materia de obras públicas. Pero una serie de episodios, como la matanza en la plaza de toros y el asesinato de estudiantes por la tropa en las calles, el cierre indefinido de los diarios *El Tiempo* y *El Espectador*, así como una reforma agraria en beneficio de sus esbirros, hicieron que pronto el Gobierno perdiera toda su popularidad. Fue cuando Alberto Lleras salió al quite y se unió con Laureano Gómez, refugiado en España, con el fin de reunir a los partidos tradicionales después de muchos años de desunión. Así cayó Rojas Pinilla. El 30 de abril de 1957 Alberto Lleras decía que Colombia había despertado del estupor que le produjo ser tratada como una nación ocupada.

En 1955 apareció en México la biografía del que para Arciniegas era el "verdadero" descubridor de América: Amérigo (o Américo) Vespucci. El argumento era simple: Américo no llegó primero, pero sí supo adónde había llegado. En sus cartas jamás dudó que estaba en un nuevo continente. Nada más justo entonces que darle su nombre. Era una biografía más o

Luis H. Aristizábal

menos especulativa en la que se quejaba del ensalzamiento de los españoles a los héroes de la conquista. Según Arciniegas, el almirante de la mar Océana admiraría "lo que sería descubierto diez años después sin que él lo supiera porque creía haber llegado nada más que a las Indias"... Cristóbal Colón murió proclamando ser el virrey de la tierra firme del Asia, pensando que las Bahamas eran japonesas, haciendo jurar en Cuba a su tripulación que estaban en China, que La Española era la isla de Ofir del golfo Pérsico, que Panamá estaba cerca de las minas del rey Salomón, que el Orinoco era el Ganges y que en la isla Margarita nacían no sólo el Ganges, sino el Éufrates, el Tigris y el Nilo.

Afirmaba el libro que todos los movimientos importantes del mundo, incluido el "comunismo", habían nacido en América, y que su inventor, Tomás Moro, en la *Utopía*, se basaba, no como los europeos creían, en la *República* de Platón, sino en una carta de Vespucci. Como complemento, un poco más tarde, en 1963, aparecía otro de los grandes libros de Germán Arciniegas y acaso el más amable de todos: *El mundo de la bella Simonetta*. Era, como bien lo dijo Raúl Andrade, la biografía de *La primavera* de Botticelli.

A Rojas Pinilla —que visto ahora en traje de civil es un pobre diablo— se lo colocó al centro de un círculo de silencio. Y huyó espantado, como si le hubiera salido al encuentro su propia conciencia.

Tres grandes e idílicos amores tuvo Arciniegas, según su biógrafo Antonio Cacua Prada: una Simonetta, la Vespucci, y dos Gabrielas: su esposa, y Gabriela Mistral, una mujer que era mucho más interesante cuando conversaba que cuando

93

escribía. Daniel Cosío Villegas lo acompañó un día a visitarla y al salir le dijo:

—Qué gran obra la que se podría sacar si lleváramos una grabadora y recogiéramos todo cuanto dice Gabriela.

Era tan pobre, que Eduardo Santos le pagaba sólo a ella sus colaboraciones para *El Tiempo*. El Gobierno de Chile le había dado el privilegio de que fuera cónsul, aunque *ad honorem*, dondequiera que estuviese. Doris Dana, una estudiante de literatura que entrevistaba a los premios Nobel viajó a Los Ángeles para conversar con Thomas Mann. De todos modos, primero quiso entrar en casa de Gabriela a saludarla y notó de inmediato que una enfermera la mantenía encerrada y dopada con barbitúricos, y que la explotaba. Doris se propuso salvarla. Se convirtió en su compañera, viajó con ella por todo el mundo y la acompañó hasta el fin de sus días, que ocurrió en la segunda semana de 1957, en un hospital de Connecticut. Gabriela vivía en una casa muy cercana de la residencia de Germán Arciniegas, quien estuvo a su lado durante la última enfermedad:

—Gabriela era nuestra familia —dijo al morir ella—. Fue como si hubiera muerto alguien en la casa.

Italia, guía para vagabundos fue el siguiente libro, fruto, en especial, de su estadía en Roma y en Florencia. Después de varios años de exilio, más o menos voluntario, y con motivo de la reapertura de *El Tiempo*, regresó Arciniegas al país. Por doce años había "escapado dictaduras", la mayor parte del tiempo enseñando en la Universidad de Columbia, en Nueva York. Al llegar al aeropuerto, todo el mundo le sonreía y le quería dar la mano. El jefe de aduana —a quien no conocía ni había oído jamás mencionar su nombre— lo saludó con una profunda y afectada sonrisa y lo invitó a seguir a su despacho. La sombra de la isla de Ellis pasó por unos instantes por la cabeza del recién llegado. La recepción fue bastante curiosa: "Usted tendrá muy mala idea de mí —le dijo el rudo soldado— pero lo que le hayan contado no es exacto. Es cierto que recibí la orden de quemar su libro, pero usted comprende que prender candela a quinientos bien empacados es poco menos que imposible: habría habido que rociarlos con gasolina. Yo tenía que quemar eso, y la revista *Life*. Lo metí todo en una camioneta y lo tiré por el Tequendama...". La disculpa era de antología.

El país había sido llamado a decidir si quería o no un gran Frente Nacional entre los dos partidos tradicionales. Por primera vez, la mujer haría uso de su derecho al voto. El sí ganó por abrumadora mayoría. El primer presidente del Frente Nacional sería el liberal Alberto Lleras Camargo, pero los partidos se comprometían a que el próximo presidente, en 1962, sería un conservador, seguido por un liberal en 1966 y por otro conservador en 1970. Al reestablecerse el Congreso, en 1958, Germán Arciniegas volvió a ser elegido como representante a la Cámara. Pero Lleras Camargo lo tenía destinado para la embajada en Roma.

Estamos ya en 1959. La ciudad de Bogotá llega a su primer millón de habitantes cuando Germán Arciniegas parte como embajador de Colombia en Italia. Allí, lo primero que hizo fue dedicarse a buscar estatuas de Bolívar y de Santander. La del Libertador, en la Via Nomentana, que se había estropeado, fue reparada. La quería colocar en el monte Aventino, por lo del juramento, pero, precisamente, en esos momentos había una discusión, iniciada por un historiador venezolano que vivía en Roma, acerca de cuál había sido el monte del juramento. Sostenía que no fue en el Aventino sino en el monte Sacro. ¿Dónde, pues, poner la estatua? Arciniegas se dedicó a estudiar el asunto en los relatos conocidos. Monte Sacro es un caserío a media hora de Roma. El juramento de Bolívar fue hecho un día en que paseó con Simón Rodríguez por toda la zona arqueológica de los foros, almorzaron en forma y luego salieron a caminar, ya a la caída del sol. Si se hubieran ido a pie a monte Sacro, argüía el embajador, habrían llegado a medianoche. Desde allí, además, no se ven ni Roma ni el Foro. Y el juramento estaba escrito como si hubiera sido hecho a la vista de las ruinas del Imperio Romano. Además, los romanos siempre han llamado Monte Sacro al Aventino, desde la época de los Gracos. No obstante sus argumentos, los venezolanos insistieron. Ellos, dijo el embajador, en materia de Bolívar no dejan opinar. Finalmente, la estatua fue colocada a un lado del Palacio de Bellas Artes.

Entonces se empeñó en dejar en la Ciudad Santa una estatua de Santander. Se le convirtió en una obsesión a la vez que en fuente de problemas. El alcalde de Roma estuvo de acuerdo y la colocó en un hermoso lugar en la Villa Borghese, "que es como decir el Parque Nacional", y está consagrado a los héroes de la independencia italiana.

De Roma, Arciniegas pasó a París como profesor invitado para dictar un curso de sociología en la Sorbona. En la salida

Luis H. Aristizábal

de la estación Sèvres-Babilonia, una de las más movidas del metro de París, que Arciniegas usaba mucho porque quedaba en frente del hotel Lutecia, donde solía almorzar, y que era multitudinaria a ciertas horas del día, encontró una tarde en el andén una medallita de La Milagrosa. Su santuario quedaba a pocos pasos del metro, y la medallita no tenía ningún valor. La recogió, la sopló y se la echó al bolsillo. Compró una cadenita de oro y se la echó al cuello. La llevó así, durante cuarenta años, hasta el día de su muerte.

Entretanto, aparecía *América mágica,* otro de los libros mayores de Arciniegas. Se trataba de veinticuatro biografías, con mayoría —y no es casualidad— femenina. La primera parte, que en la primera edición se llamó "Los hombres y los meses", era una serie de pequeños retratos de grandes personajes de la historia americana. De Hernán Cortés decía allí: "Cada mañana oía con unción la santa misa y salía a matar". De Sarmiento: "Era Sarmiento un bárbaro que creía en la civilización".

> El hecho definitivo e indiscutible es el de la ignorancia que reina en el mundo sobre las cosas de América, y aun sobre todas las cosas.

La segunda parte, "Las mujeres y las horas", todo un homenaje a la mujer americana, que en Colombia acababa de entrar a formar parte de la vida civil con derecho al voto. Al comienzo del segundo tomo decía: "Este libro sólo aspira —y no es poco— a durar lo que un día en un reloj de sol".

A Lleras Camargo lo sucedió en la presidencia Guillermo León Valencia, hijo del ilustre poeta Guillermo Valencia, quien en esta ocasión fue apoyado por el Partido Liberal, con la sola excepción del movimiento MRL, fundado por Alfonso López Michelsen, que se declaraba enemigo del Frente Nacional. El nuevo presidente tenía un carácter harto menos austero y mucho más festivo que el de su padre, tanto que se han escrito libros enteros sobre sus raptos de humor. Se recuerdan en especial algunas de sus inesperadas respuestas, como a un periodista que lo acosaba con el micrófono, al que le dijo: "¿Usted me quiere sacar una declaración, o las amígdalas?".

Arciniegas nos descubre a lo largo de toda su obra un amor por los judíos y por lo judío. Se decía que la familia de su abuela paterna, de apellido Tavera, era descendiente de un hermano de santa Teresa que se estableció en la ciudad de Pasto. Si ello era así, pues según Américo Castro la santa era de sangre judía, entonces Germán Arciniegas también tenía sangre judía. De modo que para él fue una dicha su nombramiento como embajador en Israel, donde hizo una profunda amistad con el presidente Ben-Zvi. En 1964 se publicaron en Barcelona sus recuerdos de esta embajada: *Entre el mar Rojo y el mar Muerto*. Dijo Hernando Téllez: "Muy raramente se encuentra y se da en la literatura colombiana un libro de viajes que, estéticamente, merezca perdurar". Éste lo merecía.

El embajador se las ingenió para que una hermosa costumbre judía convirtiera a Bolívar en un bosque. Cuando los judíos quieren honrar la memoria de un hombre le consagran árboles. Así, en Israel hay hoy una montaña entera llena de árboles consagrados por todos los judíos de la América hispánica al Libertador. Pero quizá lo más ingenioso de su gestión como embajador fue haber hecho colocar en Israel una estatua del escritor judío-colombiano Jorge Isaacs, autor de la novela más representativa del siglo XIX colombiano, conocida en el mundo entero: *María*. Y el mérito es doble si se tiene en cuenta que los judíos son bastante refractarios a las estatuas. De hecho, en Israel casi no hay ninguna. Esta experiencia lo llevó a estudiar más a fondo la vida del autor y de allí salió un libro, *Genio y figura de Jorge Isaacs*, que sería publicado en 1967. Se lo envió al escritor argentino José Bianco, quien en una carta le respondió: "Estoy entusiasmado con la persona de Isaacs. Es curioso que la gente sepa, en general, tan poco de él. Se limitan a haber leído *María*"... Y añadía: "¿Cómo no se ha llevado al cine la vida de Isaacs? ¡Qué filme podría hacerse!" Para la edición en la Editorial Sur del libro sobre Isaacs, José Bianco escribió: "Ahora necesito otra foto suya para la contratapa y un breve pero muy caluroso elogio de usted mismo. Envíemelo, junto con la foto, y no escatime epítetos. No se aflija: no va firmado. Escriba sin ambages lo que piensa de usted mismo".

> Entre la pintura abstracta me gusta la árabe de los tapetes y de los estucos.

En 1953 se había fundado en París la revista *Cuadernos*, patrocinada por un "Congreso por la libertad de la cultura", con el cual, se supo después, estaba muy relacionada la CIA. A partir de 1963 iba a ser dirigida por Arciniegas. En ella escribían Borges, Octavio Paz, Victoria Ocampo, Héctor A. Murena, Juan Bosch, Héctor Biancciotti, Bioy Casares, Damián Bayón y Néstor Almendros, entre los más ilustres. "Una revista —dice Cobo Borda— puede ser ecléctica o apasionada;

Cuadernos, a pesar de Arciniegas, resultaba inocua". Sin embargo, observa el mismo Cobo, la joya se halla sepultada en un muladar de tinta. Allí apareció la célebre reseña que Murena dedicó a la recién aparecida novela *Rayuela* de Julio Cortázar, en la que decía famosamente: "La reforma que obliga a leer un trozo del final primero, luego otro del principio, luego uno del antefinal, etc., causará sensación entre las damas aficionadas al juego de la canasta".

En una célebre entrevista de 1964, Arciniegas estuvo especialmente agudo. El escritor y periodista César Tiempo le preguntó: "¿Usted hace lo que hace porque es lo que es, o es lo que es porque hace lo que hace?". Respuesta de Germán Arciniegas: "Desgongorice, mi querido César Tiempo". A la pregunta de quiénes eran los escritores colombianos que merecían ser reconocidos mencionó a Gabriel García Márquez. Y también dijo: "Borges tiene títulos para ganarse todos los premios, y lo mejor de todo: cuando a Borges lo premian, gozan los demás. ¡Parece mentira!". Por esos mismos días pudo conocer a Borges en un congreso de escritores en Munich. Juntos fueron a la galería de pintura. Arciniegas se quedó un poco rezagado con el escritor ciego, quien quería "ver" el museo en compañía de Arciniegas. Borges le explicó "todo". Años más tarde, en Buenos Aires, el colombiano le quiso recordar esa visita. Borges se excusó por no saludarlo; simplemente no lo había visto:

—Mire Borges, en eso de su ceguera, yo no creo...

—Me da mucha pena, Arciniegas, pero ese día de que me habla, yo no estaba en Munich.

No contaba con la memoria fotográfica de su interlocutor. Arciniegas le recordó con pelos y señales la visita a Berlín, la visita a Hamburgo, la casa de Beethoven en Bonn...

—No, Arciniegas: ese no era yo. Ese era el otro Borges...

Tercera parte:
Una gloriosa ancianidad, 1966-2000

Un elogio de la vitalidad

Nuestros días en la tierra son veinte mil, a lo sumo treinta mil, y deberíamos aprovecharlos como lo hizo Germán Arciniegas. Un día suyo era el equivalente de veinte días de cualquier otro, por vital que fuese. Él mismo sostenía que esa fortaleza se debía a la mucha leche de vaca que bebió a las tres de la mañana en los establos de la finca de su padre, con azúcar y brandy Henessy tres estrellas. Quizás se debiera también a sus gustos gastronómicos, que fueron siempre invariables. Fomenté huelgas, carnavales, revoluciones... Es muy posible que a eso se deba mi longevidad. Ni perdonaba el ajiaco los domingos, ni a las "mediasnueves" o a las "onces" los pandeyucas con masato de arroz y las almojábanas con chocolate y queso, y en sus últimos años no dejó de asistir al puchero de los miércoles en el Gun Club de Bogotá, que había sido fundado por su padre.

 Arciniegas escogió sus temas, sus obsesiones, y los desgranó con apabullante prolijidad a través de los años. Nada más le interesaba. "He escrito un solo libro, y no es un chiste", le decía a María Esther Vásquez en 1985. Su amigo Carlos Lleras dijo en 1980: "He seguido siempre con admiración y, por qué no decirlo, con un poco de envidia, la proeza de Arciniegas:

escoger desde muy temprano su oficio, arreglar toda su vida para poder practicarlo libremente, convertirlo en un hábito, en una obligación cotidiana".

Ya por estos años la vida de Arciniegas ha perdido el brillo de la aventura y se va monotonizando, a su pesar, con los cientos y cientos de homenajes y condecoraciones que se le tributan. Es el precio de la gloria en vida. Después de haberse enfrentado durante toda su existencia a la llamada "cultura oficial", al *establishment*, éste terminó por adoptar a Germán Arciniegas, quien gozó durante sus últimos años del raro privilegio de ser ícono al mismo tiempo de los ortodoxos y de los heterodoxos, de ser mirado con respeto en ambos extremos, mientras despotricaba en sus escritos contra esa misma oficialidad.

En 1966 regresó a Colombia. Traía consigo otro de sus libros más importantes, y acaso el más informativo, *El continente de los siete colores*, al que John Skirius, en su clásico libro sobre el ensayo hispanoamericano, calificó de excelente "libro de referencia". El nuevo presidente, su amigo de larga data, Carlos Lleras Restrepo, lo nombró embajador en Venezuela, decisión dudosa para alguien a quien se consideraba un "santanderista antibolivariano". Muchas eran las páginas que ya había escrito sobre Bolívar, el megalómano, "voluntarioso hasta la soberbia". Arciniegas dijo en una entrevista célebre: "Uno no le puede pedir consistencia a Bolívar porque se contradecía con un entusiasmo raro". Así, prodigó esas declaraciones sin aristas, que resultan deliciosas: "Bolívar podía pensar lo que pensara. Lo que le decía a la muchedumbre era ininteligible". Y con frialdad comentaba su final patético, dándoselas de pobre cuando era uno de los hombres más ricos de Sudamérica. Con frecuencia, Germán Arciniegas habló de la monstruosidad de la constitución bolivariana, denunció que Bolívar alcanzó a ofrecer a Panamá y a Nicaragua como colonias inglesas a cambio de un puñado de fusiles, que en 1826 propuso una federación americana como protectorado inglés, o que escribió a Sucre que "una coraza británica vale más que Ayacucho"... No debe extrañarnos entonces que en Venezuela los estamentos intelectuales le tuvieran cierta inquina al escritor colombiano.

Así, vino una famosa declaración, cuando, frente al problema de la cantidad de indocumentados colombianos que pretendían pasar al país hermano en busca de compartir algo de la bonanza petrolera, dijo que los libertadores habían sido los primeros indocumentados en atravesar la frontera entre los dos países. Por supuesto, los sabios oficiales no entendieron nada del humor desenfadado del embajador.

> Simón Bolívar fue el primer indocumentado en pasar la frontera entre Colombia y Venezuela.

El viejo Arciniegas es un anciano combativo que desconoce el miedo e incluso la prudencia. Aun en sus controversias resulta titánico. El listado de sus contradictores abarca nombres que van desde Simón Bolívar hasta Waldo Frank, Julián Marías, monseñor Perdomo, Alfonso López Michelsen y Gabriel García Márquez. Hay un momento delicioso, así sea para el escarnio, cuando el patético Mario Benedetti la emprende en un mismo escrito contra Borges y Arciniegas, en un "exabrupto retórico de un izquierdismo ciego", como lo califica Cobo Borda. El retrato que hizo Arciniegas del *Che* Guevara es tragicómico: un tontazo con carisma y suerte y un inmenso vacío bajo el cráneo. Arciniegas le pregunta cómo solucionaría ciertos problemas económicos del Brasil. La respuesta es digna de una antología de la estupidez humana: "Lo más sencillo, yo llegaría, formaría el estado mayor del Ejército, y de capitán para arriba, sacaría todos los oficiales y los fusilaría y entraría a gobernar con los que quedaran de capitán para abajo... luego yo tomo la riqueza de São Paulo y la traslado a Bahía, y con eso resuelvo los problemas de la miseria en el norte y se acabó el problema".

> Walter Scott habría derramado más lágrimas que estos campesinos, oyendo cantar la gaita en Boyacá brumosa, al mismo paso y compás de nuestras glorias.

Tras el juicio inapelable de Arciniegas, se apresura a advertirnos: "Resultará trabajoso creerme porque no hay nada más difícil de destruir que un mito". Y menos aún se engaña frente a Fidel Castro, "el más siniestro déspota del Caribe", y sus cincuenta años intentando desestabilizar la democracia en todas partes y esa extraña tolerancia o simple indiferencia del mundo civilizado hacia su tiranía.

El 7 de agosto de 1969 encontramos a Germán Arciniegas en ese Puente de Boyacá que había remodelado su abuelo. Allí lo estremecerá la emoción de escuchar de nuevo, en la celebración del sesquicentenario de la batalla, las gaitas escocesas. Deja consignadas sus impresiones en *La patria y los días*, breves crónicas colombianas, en las que hay retratos magistrales.

Luis H. Aristizábal

A este librito seguirá otro, en la misma línea: *Transparencias de Colombia*. Todavía está fresco el recuerdo del sacerdote guerrillero Camilo Torres, muerto en combate con el Ejército. Y el del Che Guevara. Y muy pronto aparecerá el movimiento M-19, que inicialmente reclama que al candidato del movimiento popular Anapo, que no era otro que el general Gustavo Rojas Pinilla, juzgado ante el Senado y obligado al exilio, le han sido robadas las elecciones de 1970 por el gobierno de Lleras Restrepo, en beneficio de Misael Pastrana Borrero. Haciendo eco al clima reinante en 1973, en una conferencia en el Colegio del Rosario, dice Arciniegas que el sabio botánico del siglo XVIII, don José Celestino Mutis, "es un poco un cura guerrillero". También anota que al ser nombrado por Linneo en la Academia Sueca no hicieron más que darle el único premio Nobel que se otorgó en el siglo XVIII.

En 1974 ganó las elecciones el candidato liberal Alfonso López Michelsen, hijo del mayor caudillo liberal del siglo, Alfonso López Pumarejo. Su mayor opositor era Alvaro Gómez Hurtado, hijo del mayor caudillo conservador del siglo, Laureano Gómez. Así comenzó el que fuera llamado "el Mandato Claro". López Michelsen era un político combativo y cuestionado, pero, al mismo tiempo, un hombre muy culto, un escritor de excepción y un experto en un sinfín de temas. Durante su gobierno se verá aparecer el que quizás sea el último de los grandes libros de Arciniegas, *América en Europa*. "Cuando uno está en Europa por mucho tiempo —confiaba a María Clara Mendoza— empieza a ver con desesperación que en América tienen la obsesión de que todo se lo deben a

Europa. Nunca ven en el otro sentido... Esa actitud conduce a caminar siempre con complejo de inferioridad y ofrece la oportunidad a los otros de caminar con complejo de superioridad. Y uno acaba por fastidiarse".

Ideas que antes había esbozado un tanto tímidamente, ahora surgían con fuerza y esplendor. Así como las utopías habían nacido en el Nuevo Mundo, el concepto político de independencia también. El libro muestra además una galería de mujeres americanas, "todas ellas bastante más audaces que las de Henry James", como señaló la reseña del libro en *The New Yorker*.

En 1975 Editorial Gredos de Madrid decidió publicar unas *Páginas escogidas* de Germán Arciniegas. El siguiente libro tuvo el mérito de ser la única incursión del siempre curioso Arciniegas en la vida política de Colombia en el siglo XIX, posterior a Bolívar y Santander. Se trata de *El Zancudo. La literatura política en Colombia, siglo* XIX, y es la historia de un periódico que apareció en 1890 con el único objeto de atacar al presidente Rafael Núñez.

La larga vida de Arciniegas le dio la oportunidad de conocer a cinco pontífices romanos, comenzando por el controvertido Pío XII, Papa durante la Segunda Guerra Mundial, que "conocía de Colombia mucho más de lo que pueda imaginarse". Ahora llegaba, ante Pablo VI, como embajador en el Vaticano, y a presenciar, como testigo de excepción, uno de los poquísimos momentos en los cuales en cuestión de dos meses la Iglesia tendría tres papas. Y como embajador tuvo que presentar credenciales ante los tres. Fue en 1978, cuando a la muerte de Pablo VI fue elegido el cardenal Albino Luciani, quien murió al mes exacto de su papado, y fue sucedido por uno de los pontífices de más largo reinado en la historia: el sorprendente cardenal polaco Karol Wojtyla, quien tomó el mismo nombre de su predecesor: Juan Pablo.

De su conocimiento personal de todos los pontífices desde Pío XII en adelante, surgió otro libro: *De Pío XII a Juan Pablo II. 5 Papas que han conmovido al mundo*, publicado en 1986 cuando Juan Pablo II visitó a Bogotá. Pero no sería éste el único fruto literario de su estadía en Roma, puesto que la embajada le permitió seguir investigando para los dos nuevos libros que publicaría, que esta vez serían dos biografías: *Galileo mira a América* y *Fernando Lorenzana. Recuerdos de su vida*.

En 1978 el país eligió como presidente al liberal Julio César Turbay Ayala. De inmediato, Arciniegas regresó al país como decano de la Facultad de Filosofía y Letras de la Universidad de los Andes, así como profesor de Historia de América. Por esos días la Universidad tenía unos conferencistas "de lujo" en sus profesores de historia y literatura. Entre ellos Abelardo Forero Benavides y Ramón *Tito* de Zubiría, quienes después trasladarían sus amenísimas charlas a la televisión en el programa llamado "El pasado en presente". Arciniegas instauró entonces la "Cátedra de América", que consistía en que al menos una vez al mes un conferencista de renombre disertaría sobre el tema americano. Buena parte de esas conferencias tuvieron lugar en la Biblioteca

> Es posible un mundo sin libros. Y hasta es posible un mundo mejor sin libros... Hoy tenemos un océano de libros. La cuestión está en salvar algunas páginas.

Nacional, que al mismo tiempo se comprometió en la empresa titánica de organizar una exposición para cada una. De ese modo desfilaron personajes como Thor Heyerdahl, Paolo Taviani, Consuelo Varela y Mauricio Obregón...

La más importante de las labores de Arciniegas en la Universidad fue la publicación de la revista *Correo de los Andes*. El primer número apareció en noviembre de 1979 y fue, sin duda alguna, la más grande y última aventura periodística de Arciniegas. La revista alcanzó un prestigio enorme. La redacción se mantuvo en la Universidad hasta 1986, cuando la trasladó a donde estarían situadas su última residencia y oficina, en la calle 92 con carrera 10ª, de Bogotá, donde habría de morir.

> Yo siempre he tenido una teoría. Se debe buscar ante todo lo que está detrás de lo que uno ve. Por ejemplo: cuando a mí me hablan del 20 de julio, siempre pienso qué había el 19, porque uno tiene que explicarse las cosas y los sucesos.

Todo el trabajo lo hacía él mismo, desde la selección hasta la titulación y la armada. Su comentario al tener que cerrarla por falta de patrocinio en 1989 es memorable: "No es la primera vez que me toca asistir a funerales de este género. Claro que cuando se ha vivido tantos años se es experto en ceremonias fúnebres".

Entre homenajes y controversias

Estos años fueron ricos en homenajes y celebraciones. En septiembre de 1980 Arciniegas fue nombrado presidente de la Academia Colombiana de Historia. Al mismo tiempo, fue invitado de honor en el sesquicentenario de la muerte de Bolívar. Unos días después cumplía ochenta años de vida. Don Guillermo Cano, director de *El Espectador*, escribió en ese momento: "No alcanzan a contarse con los dedos de una sola mano los nombres de los escritores que le han dado prestigio a nuestro país". Medio año más tarde, el gobierno de Francia le otorgó la Legión de Honor. En seguida vino el bicentenario de la llamada Revolución de los Comuneros. En su *Discurso para la exposición comunera* afirmó: "De mí sé decir que entre Federico Hegel y Manuela Beltrán, me quedo con Manuela". Visitó los sitios más importantes de la revolución. Estuvo en la hermosa población colonial santandereana de Barichara, cuna del presidente Aquileo Parra. La visita le dio pie para una amena disquisición sobre las patrias chicas de los presidentes colombianos. Constataba allí cómo los presidentes de Colombia han tenido las cunas más inesperadas: Hato Viejo, Guateque, Honda, la Vega de los Padres... Sobre el tema se podría hacer un libro, dijo, que se llamara *De la simplicidad ilustrada*. Y como necesario complemento al aniversario escribió y presentó, cincuenta años después del primero, su segundo ensayo sobre los comuneros: *Veinte mil comuneros hacia Santa Fe*. En seguida, y en una febrilidad creativa, dedicó su tiempo a terminar un complemento a la *Biografía del Caribe*, que venía madurando desde mucho tiempo atrás: *Vidas paralelas de dos mares: el Mediterráneo y el Caribe*, en el que enfatizaba especialmente la idea del mestizaje.

> En el Caribe van a echarse los fundamentos de una raza universal cuando se miren las caras, y compartan los lechos, blancos, negros y cobrizos. Será la gran olla podrida de los tiempos modernos.

El gobierno de Belisario Betancur, que comenzó en 1982, estuvo interesado ante todo en pacificar el país, siguiendo en gran parte una política humanística esbozada en las *Memorias de Adriano* de Marguerite Yourcenar. Mal que bien consiguió que el M-19, la guerrilla más fuerte del país, que contaba con algunos hombres carismáticos, como Jaime Bateman Cayón y Carlos Pizarro Leongómez, se desarmara tras largos diálogos de paz y regresara a la vida pública. El comienzo del gobierno de Betancur estuvo igualmente marcado por una serie de escándalos financieros.

En diciembre de 1983 se estrelló en las afueras de Madrid un gigantesco avión de Avianca, en el cual iban hacia Colombia, para un evento cultural organizado por el Banco de la República, varias figuras de renombre. En la tragedia perdieron la vida la crítica de arte colombo argentina Marta Traba, su esposo el crítico uruguayo Ángel Rama, el escritor mexicano Jorge Ibargüengoitia y el escritor peruano Manuel Scorza.

A principios del año siguiente el país rindió un gran homenaje nacional a Germán Arciniegas. En el evento estaban presentes todos los ex presidentes de Colombia e invitados especiales de todo el mundo. Arciniegas inició la lectura de su homenaje y cuando terminó la primera página se dio cuenta de que su secretaria le había equivocado el discurso. El propio presidente, Belisario Betancur, se inclinó a buscar entre los papeles el texto del discurso refundido. Entonces Arciniegas se detuvo y se dirigió a la asamblea: "Ustedes disculparán pero ha ocurrido una tragedia. El texto que debía ser leído ahora no aparece. Me han hecho una mala jugada. En todo caso iba a leerles un texto que aproximadamente decía...".

Y disertó durante más de una hora con una erudición y precisión admirables.

> Siempre he creído que, cuando Bolívar dice que aró en el mar, que edificó en el viento, sólo estaba desafiándonos para que lo contradigamos.

Cuando el presidente, al final, lo felicitó, Arciniegas le comentó: "Buen truco para cuando no se ha tenido tiempo de preparar la conferencia".

Por supuesto, el homenaje fue seguido por dos libros: *Bolívar, el hombre de la gloria*, que era una refundición del artículo de *Selecciones* de 1943 y, al año siguiente, *Bolívar y la revolución*. Arciniegas tomaba partido en la tediosa batalla colombiana entre bolivaristas y santanderistas, en forma inesperada, por ambos: por Santander como político y por Bolívar como militar. Esta controversia entre los dos héroes se prolongaría todavía por lo menos hasta 1995, cuando apareció *Bolívar y Santander, vidas paralelas*, libro que recopilaba todo lo que Arcinegas había escrito contraponiendo a ambos personajes. En Colombia, para el autor, se echó a perder la explicación de la misma independencia por hacer inadecuadamente de Bolívar el padre del conservatismo y de Santander el del liberalismo.

En mayo de 1984 ocurría el primer magnicidio de la guerra que se avecinaba con el asesinato del ministro de justicia, Rodrigo Lara Bonilla, quien había acusado al congresista Pablo Escobar Gaviria de haber llegado hasta el Congreso con dineros del narcotráfico. Durante una década, el país estará convulsionado hasta los cimientos en la guerra de la droga. Como ha tratado de demostrar Mark Bowden en *Killing*

Pablo (2001), la demasiado confusa historia de una década puede adquirir un sentido y explicarse porque gira alrededor de la figura de Pablo Escobar, el mayor jefe del narcotráfico y uno de los criminales más poderosos y míticos de toda la historia. A finales de 1985 el país tuvo que soportar dos acontecimientos trágicos. Con una semana de diferencia, el episodio de la toma y destrucción del Palacio de Justicia por parte del M-19 y la catástrofe natural más grande de la historia del país, cuando una avalancha del volcán nevado del Ruiz sepultó la población de Armero, en el Tolima, dejando treinta mil muertos en una sola noche.

En 1986 el país eligió como presidente al ingeniero Virgilio Barco y volvió a pasar el cometa Halley, esta vez muy debilitado. Por primera vez en un plan de desarrollo se reconocía la pobreza absoluta como el primer problema del país. El nuevo presidente, ya un hombre de edad, inició una reforma legislativa de gran importancia y tuvo que enfrentar una lucha infernal contra los carteles de la droga, que declararon la guerra frontal al Gobierno y al país entero.

Entretanto, el anciano Germán Arciniegas seguía haciendo alarde de una lucidez a toda prueba. En 1985 se le nombró director emérito de la Biblioteca Nacional. En su libro OEA: *la suerte de una institución regional*, escribió que todo lo que en el mundo moderno viene a ser república, democracia, gobierno representativo, derechos del hombre independizado, nace en estas comarcas que forman un nuevo sistema político, y resaltó que la más abierta contradicción al sistema de la OEA es la de Cuba.

Solía bromear acerca de su avanzada edad. En 1986 se le rindió un homenaje, convocado por la Presidencia de la República y varias universidades y se le erigió un busto a la entrada de la Biblioteca Nacional, por lo cual escribió un discurso titulado *Confesiones de ultratumba*, en el cual se dirigía a "todos los presentes en esta inhumación". "Los bronces se dedican a los muertos —dijo—. Y contemplando éste mío, sé que voy a hablar como si lo hiciera viniendo del otro mundo".

Y contó que en las ruinas de Cesarea, en Israel, había conocido un caso curioso del Imperio Romano: "Se erigían estatuas en vida de los gobernadores, con cabezas que atornillaban. Al morir el funcionario, se desatornillaban, se echaba a la basura la cabeza del muerto y se colocaba la del sucesor". Y concluyó: "Espero que ese no sea mi caso".

En alguna ocasión, Arciniegas le había dicho a Eduardo Santos "aquí en Colombia, hay libertad de palabra, hablada y escrita, tanto que puede decirse todo menos la verdad". Ahora, en su discurso, redondeaba: "Las cosas que hay que decir no pueden decirse. Pero, ya a estas alturas de la vida, expresarse con toda frescura, cinismo y libertad es una de las posibilidades que le quedan a quien hoy va a hablar a ustedes después de muerto".

En 1987, Germán Arciniegas fue nombrado presidente del Consejo Editorial del Grupo Editorial Planeta, que sería la editora de la mayor parte de sus obras hasta el fin de sus días y que además crearía en 1994 el Premio Germán Arciniegas de Periodismo. Comenzaron a aparecer en fila india libros fundamentales sobre la obra del Maestro, así como una serie de recopilaciones de sus artículos de prensa dispersos en revistas y periódicos del mundo entero. Compilados por Juan Gustavo Cobo Borda, vieron la luz *Arciniegas de cuerpo entero, Cronología y bibliografía sobre Germán Arciniegas*, y *Arciniegas desde la perspectiva de sus contemporáneos*, a los que hay que añadir dos compilaciones de Conrado Zuluaga, *Arciniegas corresponsal del mundo*, y *Arciniegas y España*, así como una selección de su obra que hizo Consuelo Triviño Anzola en 1999, y una serie de traducciones realizadas por el profesor francés Georges Lomné, el mayor divulgador de la obra de Arciniegas en el mundo no hispánico.

Dicen que la vejez comienza con una caída y la muerte con otra. La primera caída de Arciniegas fue en 1987. Tenía la costumbre de salir a caminar durante una hora, con su esposa, después del almuerzo, por los alrededores de su casa. Un día, en la carrera 11 con calle 94 tropezaron y cayeron los dos. A doña Gabriela se le partió el fémur. El Maestro apenas tuvo un par de hematomas o "chichones". Pero un par de meses después, se resbaló al salir de la Biblioteca Nacional y cayó sobre la gradería de la entrada principal. Se golpeó la cabeza y se le sumieron un par de costillas. No obstante, después de sesenta días, estaba totalmente recuperado. Acaso su vejez ya había comenzado... En abril del 90 tuvo una nueva caída. El médico estaba feliz, porque "lo que entusiasma a los cirujanos es la perspectiva de una gran operación". Pero sólo se había rajado dos costillas. En julio de 1992 sufrió una especie de preinfarto en Medellín, a donde había ido a pasar vacaciones, que se le convirtió en coma diabético. Fue trasla-

Luis H. Aristizábal

dado a Bogotá. Cuando finalizó la hospitalización, atinó a decir a los periodistas: "Acabo de regresar del otro mundo. Soy una especie de sobreviviente de la diabetes, mal que a uno nunca lo abandona".

Después de la muerte del ministro Lara Bonilla, la guerra que vivió el país dejó miles de víctimas. Y como presión de los narcos contra el Gobierno y contra los tratados de extradición se iniciaron los magnicidios. Cayeron ministros, viceministros, un procurador, gobernadores, alcaldes, magistrados, directores de periódicos, dirigentes de partidos de izquierda, y se secuestró a dirigentes políticos o a sus familiares. Los carteles también dinamitaron *El Espectador*, *Vanguardia Liberal*, derribaron un avión de Avianca... El país entero estaba aterrorizado. El miedo se sentía en las ciudades. La mejor definición de esta época puede ser el título de una canción del grupo Compañía Ilimitada: *Estado inmóvil*.

Luis Carlos Galán cayó asesinado en el instante en que levantaba los brazos como para elevar ese su aire sonriente de fe y optimismo en una Colombia redimida. Sólo quedó la muchedumbre atónita, que veinticuatro horas después era un millón batiendo pañuelos blancos y tirándole claveles camino del cementerio.

Por si fuera poco, en 1988 y 1989 fueron masacradas más de mil personas en el país. Los periódicos no sabían si poner como primera noticia la última masacre (a veces de hasta cuarenta y cincuenta personas), o la toma casi diaria por la guerrilla de alguno de los más de mil municipios del país, o los cuatro policías asesinados cada noche en Medellín, o las cuatro bombas que habían estallado ese día en las principales ciudades. El peor año fue 1989. El año de las bombas. Fue un mal año. No sólo se acabó *Correo de los Andes*. En agosto fue asesinado Luis Carlos Galán, en la plaza de Soacha, un pueblo cercano a Bogotá. Era el candidato presidencial más opcionado, y con mucho, por el movimiento que él mismo llamó Nuevo Liberalismo. "Llegar a Galán nos parecía imposible por la belleza moral del hombre, por la misma sonrisa de su fe maravillosa —comentó el anciano entristecido—. Galán, como Enrique Parejo, fueron los valerosos denunciantes del narcotráfico, y así se les tenía anunciada la muerte. Parejo escapó de milagro. A Galán, todas las mañanas, a las diez, le hacían una discreta llamada: 'Es la muerte: Allá voy'".

Fue en el cementerio donde el hijo mayor de Galán, apenas un adolescente, dijo al país que el deseo de su padre y de su familia era que su bandera fuera recogida por su amigo César Gaviria Trujillo. Menos de un año después, Gaviria era el nuevo presidente de Colombia. Mientras muchos callaban, por temor, Arciniegas empezó a hablar sin tapujos delante de las fuerzas oscuras del narcotráfico y de la guerrilla. Escribió que no había que hacerse ilusiones porque la guerra en Colombia no era una guerra colombiana sino mundial: "Los guerrilleros se han preparado en Checoeslovaquia, Libia, Cuba, Nicaragua, Alemania Oriental. Han conocido personalmente a Gadafi, a Castro, a Ortega. Han manejado sus fondos a través de Cuba y Panamá. Nadie puede saber hasta dónde alcanza en su ambición el negocio de la droga".

Luis H. Aristizábal

La última década

El año 1990 llevaba cuatro días de existencia cuando murió Alberto Lleras Camargo... Una semana más tarde, Arciniegas celebraba el derrumbamiento del despotismo en Rumania. En *América nació entre libros* contó sus viajes a Praga y a Bucarest, su relación de amistad con la famosa doctora Aslan, la experta en rejuvenecimiento. De los estudiantes en los países socialistas escribió que "el estado es un Estado católico que echa a la hoguera a los protestantes: el estudiante que proteste desaparece".

Luego vino un homenaje nacional en el hotel Hilton con motivo del título de "Hombre de América" que le dio la Fundación de las Américas en Nueva York. Como en las plazas de toros, comentó Hernando Santos Castillo, el lleno fue total. Hasta las banderas. Se disculpó ante el público por no ver bien y por ciertas palabras enrevesadas. Cuenta Santos: "Con su humor característico le tomó el pelo al homenaje para decir que cuando llegó al salón, se encerró en un teléfono y llamó a su esposa para comprobar si estaba vivo. 'Resulta, dijo, que sí estoy'. Y añadió: 'Este es el más grande banquete político de esta campaña. Casi que me lanzo para senador, pero no me alcanza la plata para las vallas'".

Previendo que no le quedaban muchos días de vida, decidió esculcar un par de baúles: "Para que tiemblen de pavor, tengo en estantes, un baúl y varias gavetas, varios volúmenes sin pu-

> Soy fresco y cínico. Digo las cosas ya sin mayores preocupaciones, y esto me permite publicar lo que pienso, como si nada.

blicar". Guardaba una cantidad de obras en salmuera, algunas en proceso de decantación y otras que nunca concluyó. De ahí exhumó su próximo libro, *El libertador y la guerrillera*, la única pieza de teatro de toda su producción. Otros materiales los confió a Juan Gustavo Cobo Borda para que siguieran creciendo las recopilaciones.

Los años noventa son para el Maestro, como escritor, casi exclusivos del diario *El Tiempo*, con sus dos columnas semanales, sin que la ceguera ni la sordera senil le impidiesen dictarle a su secretaria Graciela Riveros para que su hija Gabriela revisara y enviara por fax sus textos. Con su máquina de escribir portátil viajaba por el mundo o enviaba sus colaboraciones manuscritas. Nunca accedió al computador.

> A veces digo las cosas como las pienso y la gente no perdona.

Arciniegas se mantuvo como un mosquetero aguerrido hasta cerrar su vida en medio de debates que por momentos fueron de una pugnacidad inusitada. Quizá la declaración que levantó más ampollas fue la de 1988, cuando dijo que el fascismo, importado de Italia, había tratado de instaurarse en Colombia, en particular a través de Alzate Avendaño y de Jorge Eliécer Gaitán. De Alzate no era de extrañar esa aserción, pero la del caudillo liberal asesinado el 9 de abril de 1948 resultaba una blasfemia.

Más que armar polémica, parecería que a Arciniegas le gustara jugar con fuego. Sobre todo hablando. Quizás era su manera de mantener esa tremenda energía vital que siempre llevó consigo. Una de las últimas luchas que emprendió, aún a riesgo de una vida que poco le importaba ya perder, fue la que inició en pro de la extradición, pisoteada según él en una "Constitución de narcos", la de 1991. Dice Marco Palacios que en la elaboración de la Constitución campeó un ambiente de frivolidad posmoderna. "Y como en una reunión de damas caritativas, apenas hubo unos cuantos ceños fruncidos cuando se traspapelaron de un computador unos 200 artículos ya aprobados de la Constitución, y fueron sustituidos a la carrera por otros similares". También atacó Arciniegas ese texto tonto, fruto de "una noche atolondrada" y elaborado por "un humorista boyacense", que obligaba a alargar todos los documentos oficiales añadiendo el nombre completo de la ciudad, Santafé de Bogotá, y acabando con el nombre indígena que le devolvieron los libertadores en 1819 tras cuatrocientos años de dominación hispana. Más que el gesto, lo grave era la ignorancia pura de los legisladores, que pensaban con ello estar rindiendo un homenaje a la historia.

Tras el secuestro de Francisco Santos, hijo del director del diario El Tiempo, en septiembre de 1990, escribió: "Todo en el secuestro es tenebroso. Sucio. Cobarde. Haberlo convertido en arma de combate político es una de las causas que han rebajado el nivel de las luchas cívicas en nuestro tiempo". No es de extrañar, pues, que en el año 92 el escritor de 91 años estuviera en el listado de los secuestrables en una lista elaborada por quienes se llamaban a sí mismos "los extraditables". Y todavía, días antes de morir, ante el secuestro masivo de la iglesia La María en Cali, protestaría con energía: "Este es el imperio de los bárbaros. En Colombia, los malhechores están por encima del más rico de los ricos".

Se preparaba con bombos y platillos la que sería la última gran controversia de Germán Arciniegas: la celebración, en 1992, del quinto centenario del descubrimiento de América. Ya desde 1983 se había creado una comisión preparatoria, dirigida por Carlos Lleras Restrepo. Arciniegas la presidía ahora, pero a finales de 1990 el presidente Gaviria le pegó un revolcón. La nueva comisión estaría presidida por la esposa del presidente, Ana Milena Muñoz de Gaviria. Arciniegas se enteró de su destitución, como suele suceder en Colombia, por la prensa. Lo que siguió fue una avalancha de protestas. Carlos Lleras Restrepo, Hernando Santos Castillo, director de *El Tiempo*, Otto Morales Benítez, Germán Espinosa, todas las academias. Pilar Moreno de Ángel y Ramón de Zubiría renunciaron a sus nominaciones. El plebiscito en favor y en desagravio del Maestro fue verdaderamente abrumador. Pero los motivos de la destitución no deben sorprendernos demasiado. El tema no era nada nuevo. Ya en 1949, en los "Cuadernos americanos", había escrito un artículo, *El 12 de octubre, o el gran disparate*. La posición de Arciniegas era muy clara: los quinientos años no tenían por qué convertirse en una fiesta ibérica y mucho menos ser adornada en su logotipo con el escudo peninsular, lo cual, advirtió, era cuando menos una provocación impertinente. Y no ahorró la cólera cuando López Michelsen, en un momento de nostálgica inspiración, reclamó la reconstrucción, en 1992, de todo el Imperio Español. En este tema sus palabras no esquivaron nunca la dureza ni el tono

> Señores de los 500 años: lo que tiene América, no lo tiene Europa, ni Asia, ni África: fe de bautismo.

Luis H. Aristizábal

provocador y por eso, tras la entrada de España a la Unión Europea, anotó con sorna que "los españoles quedaron felices de no seguir formando parte del África". Y es que entre España y Europa, como señaló con agudeza, había un divorcio de siglos, pues España fue la nación que si compartió las barbaridades del Viejo Continente no compartió ninguna de sus grandes aventuras humanas: ni el Renacimiento, ni la Reforma ni el Humanismo.

No deja de ser interesante que España quisiera excluir de la celebración a la América anglosajona. "Para unir a América nos interesa mucho más el presidente Bush que Felipe González", reclama Arciniegas, y va más allá, con cierto realismo: "Si queremos establecer una regla de igualdad y justicia y cooperación hay que hacerla con Estados Unidos, que están en nuestra tierra y han peleado con nosotros por la independencia y no con los reinos de quienes tuvimos que desprendernos con sangre y lágrimas y fuego".

Resultado concreto de la controversia de los quinientos años fue *América es otra cosa*. La tesis central de esta otra recopilación de Cobo Borda es que en América lo que se estaba celebrando no era un descubrimiento, sino la verdadera creación de un Nuevo Mundo. Para el autor, el descubrimiento de América es la obra cumbre de la novela de caballería. Era un excelente compendio y colofón de todos los temas del autor.

Ya a mediados de 1993 las facultades visuales y auditivas del Maestro estaban tan deterioradas que resolvió retirarse de la Academia de Historia, después de trece años de dirección. Le escribió entonces a Cobo Borda: "Para su información de biógrafo, cumplo con la obligación de decirle que me estoy quedando totalmente ciego. Por esta razón tuve que renunciar a seguir de presidente de la Academia de Historia, porque es idiota dirigir un debate estando ciego y sordo". Pero, añadía enseguida, "si puedo trabajar con la imaginación, es lo que siempre había soñado".

No obstante, publicó *América Ladina*, en el que anotaba que de todos los personajes que habían entrado a la escena en el teatro de las ideas universales ninguno era tan inesperado ni tan extraño como América. En noviembre de 1993 dio su última lección. Dijo allí a sus discípulos: "Esto de seguir de profesor a los 93 años no lo permiten en otro país. Si yo viviera en Estados Unidos me habrían retirado del servicio hace más de veinte años. Además, estaría muerto".

En diciembre de 1993 cayó finalmente Pablo Escobar. Terminaba la confusa historia del Cartel de Medellín. Durante los años siguientes, y hasta el final de la vida de Arciniegas, el problema principal del país será el del auge de la insurrección armada, las masacres y los secuestros extorsivos. Al lado de los grupos insurgentes tendrán igualmente un auge inusitado los grupos ilegales de autodefensa contra los insurgentes. En 1994 ocupó la Presidencia el liberal Ernesto Samper. Su gobierno estuvo atravesado en su totalidad por el escándalo del llamado "proceso 8.000", sobre la presencia de dineros del narcotráfico en su elección y por la lucha armada contra la guerrilla.

En septiembre de 1995, Germán Arciniegas enfermó de erisipela en una pierna. Recordó a su amigo Isaac Vargas, cuando fue a visitarlo a su casa, que una vez, en su juventud, había

sufrido lo mismo cuando se encontraba en una finca en la Sabana de Bogotá y que los campesinos lo habían curado sobándolo con la barriga de un sapo. Vargas Era yo un pedazo de Colombia que se apoyaba en Gabriela. Voy acercándome al final de mi vida y se explica cuánto he recorrido por haber tenido a mi lado la compañía de Gabriela.
se ofreció a llevarle un sapo al día siguiente. La enfermera que lo atendía oyó el cuento y de inmediato dijo que por ningún motivo permitiría que le pusieran el sapo. Al día siguiente el portero del edificio se deslizó furtivamente en la habitación del maestro, a espaldas de la enfermera. Llevaba consigo el sapo de Isaac Vargas y le hizo el sobijo al Maestro. A los dos días, ya estaba caminando tranquilo y sereno. Pero un año más tarde, el 4 de septiembre de 1996, fue un día infausto: falleció Gabriela, su esposa, víctima de una neuropatía. Dos semanas más tarde cumplirían setenta años de casados. Durante todos esos años Germán Arciniegas había dedicado, invariablemente, todos sus libros a su esposa. Un día notó su ausencia. Ella había muerto dos días atrás y las hijas, para evitarle la pena al anciano, la habían enterrado sin contarle. Al fin alguien se atrevió a decirle: "Gabriela murió", a lo que el anciano repuso de inmediato: "¡Ustedes sí son bien pendejos! ¡Gabriela y yo estamos muertos hace años!". Cuando Gabrielita, la nieta, entró al apartamento, el maestro Arciniegas le preguntó: "Dígame que le pasó a mi esposa". Ella le contestó: "Se fue al cielo". Entonces se encogió, se concentró dentro de sí mismo y lloró callado... Después de un largo rato Gabrielita se puso a consolarlo y le dijo que él seguía siendo el sol de toda la familia, y él le respondió: "Sí, pero un sol apagado".

Sin embargo, su energía no decayó. Por el contrario, siguió escribiendo textos de asombroza agudeza, como el dedicado a su amiga, la declamadora argentina Berta Singerman. Y como para demostrar que nada podía destrozar su eterno buen humor, contó que en alguna ocasión, yendo de Medellín a Bogotá, Otto de Greiff anunció su llegada con un telegrama que decía: "Llegó Berta sin Germán".

El nuevo Presidente de Colombia era Andrés Pastrana Arango, hijo del ex presidente Misael Pastrana Borrero. Su gobierno se iba a destacar por un intento fallido de proceso de paz con la guerrilla. Pocos días antes de terminar el siglo, Germán Santamaría le hizo a Germán Arciniegas la última entrevista, para la revista *Diners*, que lo eligió como el hombre del siglo. El anciano, ya completamente ciego, acertó a decirle: "El tren de la muerte ya vino por mí, pero me vio tan bien que pasó de largo". No sólo había sido testigo de todo el siglo xx, sino que escribió con orgullo: "Soy testigo de la quinta parte de la vida del Nuevo Mundo".

En su último cumpleaños, le dijo a su amigo Antonio Cacua Prada: "Tenía yo el deseo de cumplir cien años. No se lo había dicho a nadie porque era demasiado querer. Ya hoy, a dos años de distancia del término fijado, gracias a Dios voy llegando a lo que parecía una vana ilusión. ¿Para qué vivir cien años?".

Borges a lo mismo hubiera respondido con ironía, como tras la muerte de su madre, a los noventa y nueve años de edad: "Admiro su pasión por el sistema decimal".

Georges Lomné, el colombianista francés, su estudioso y su traductor, había llegado por casualidad el día anterior a

Colombia y la suerte quiso que estuviera al lado del Maestro en su lecho de muerte. El rostro de Arciniegas se alegró y le apretó la mano con firmeza. Estaba con sus hijas y dijo que sólo le faltaba despedirse de su viejo amigo el arqueólogo Luis Duque Gómez. Después, simplemente se extinguió. Era el 30 de noviembre de 1999. Faltaba sólo un mes para terminar el siglo y el milenio.

A finales de 1990 había aparecido la primera versión de la biografía de Arciniegas de Cacua Prada: *Germán Arciniegas. Su vida contada por él mismo*. Aun después de muerto, Germán Arciniegas tuvo la osadía de redactar la primera biografía póstuma de Germán Arciniegas o, por decir lo menos, del noventa y cinco por ciento de ella. Y con prólogo inédito, por demás, y especialmente escrito para después de su muerte. Se trata de *Cien años de vida para contar*, segunda versión biográfica de Antonio Cacua Prada. En el prólogo, más o menos, explica por qué murió —algún lamentable descuido— y pide excusas por haberse muerto y casi... que nos cuenta lo que se ha dedicado a hacer desde entonces y la multitud de planes que tiene en el cielo. La primera frase es de antología y lo retrata de cuerpo entero: "Cacua Prada, amigo mío si los tengo, ha cometido la humorada, que no es la primera, de mostrarme este libro póstumo".

Es posible que Bolívar, García Márquez, Botero, lo hayan superado en algunos ámbitos, pero como hombre integral, Germán Arciniegas ha sido sin duda el colombiano más universal de todos los tiempos. No le faltaba razón a Hernando Santos Castillo cuando afirmaba en 1989 en el editorial de *El Tiempo*:

"¿Quién ha escrito más que Germán Arciniegas en un periódico? Nadie. ¿Quién ha editado más revistas y escrito libros? Nadie. ¿Cuál colombiano puede superar el prestigio que tiene Arciniegas en el exterior, especialmente en el campo de los temas americanos y en el de la libertad? Creemos que ninguno".

Javier Ocampo López también escribió: "Arciniegas es el colombiano universal que más representa el ensayismo americano a nivel mundial". Y añadió algo acertado: "En cada lugar europeo, obra arquitectónica, monumento, estilo de las ciudades europeas, encuentra la relación directa con el mundo americano".

Arciniegas consiguió algo a lo que ningún historiador profesional se ha siquiera acercado: que la voz americana sea escuchada, así lo que diga sea exagerado o no sea cierto. Pero con ello abrió el camino para que pudieran hablar otros. Personalmente creo que lo menos importante es que Arciniegas tenga o no razón en sus polémicas. Lo importante es que al armarlas ponía al mundo intelectual en ebullición y obligaba a repensar la historia a la vez que divertía y educaba a sus lectores y les enseñaba a no tragar entero. Pero ante todo, Arciniegas tiene esa cualidad que le encontraba Borges a Oscar Wilde y a Stevenson, sin las cual todas las demás son inútiles: el encanto. Y lo tiene hasta en sus últimos escritos.

Bibliografía básica de Germán Arciniegas

El estudiante de la mesa redonda, Juan Pueyo, Madrid, 1932.
Memorias de un congresista, Editorial Cromos, Bogotá, 1933.
Diario de un peatón, Imprenta Nacional, Bogotá, 1936.
América, tierra firme, Editorial Ercilla, Santiago de Chile, 1937; Bogotá, Editorial Plaza & Janés, 1982.
Los comuneros, Editorial ABC, Bogotá, 1938.
Los alemanes en la conquista de América, Editorial Losada, Buenos Aires, 1941.
El caballero del Dorado, Editorial Losada, Buenos Aires, 1942.
Este pueblo de América, Fondo de Cultura Económica, México, 1945.
En el país de los rascacielos y las zanahorias, Librería Sudamérica, Bogotá, 1945.
Biografía del Caribe, Editorial Sudamericana, Buenos Aires, 1945; Editorial Planeta, Bogotá, 1993.
El pensamiento vivo de Andrés Bello, Editorial Losada, Buenos Aires, 1946; Editorial Plaza & Janés, Bogotá, 1981.
En medio del camino de la vida, Editorial Sudamericana, Buenos Aires, 1949; Editorial Oveja Negra, Bogotá, s/f, *ca.* 1985.

Entre la libertad y el miedo, Editorial Cultura *(Cuadernos Americanos),* 1952; Editorial Planeta, Bogotá, 1996.

Amérigo y el Nuevo Mundo, Editorial Hermes, México-Buenos Aires, 1955; Villegas Editores, Bogotá, 1988, con el nombre *América, quinientos años de un nombre;* hay edición virtual gratuita en Internet.

Italia, guía para vagabundos, Editorial Sudamericana, Buenos Aires, 1957.

América mágica-Los hombres y los meses, Editorial Sudamericana, Buenos Aires, 1959.

América mágica-Las mujeres y las horas, Editorial Sudamericana, Buenos Aires, 1961.

El mundo de la bella Simonetta, Editorial Sudamericana, Buenos Aires, 1962.

Entre el mar Rojo y el mar Muerto: guía de Israel, Editorial EDHASA, Barcelona, 1964; Fundación Simón y Lola Guberek, Bogotá, 1989.

El continente de los siete colores, Editorial Sudamericana, Buenos Aires, 1965; Editorial Taurus, Madrid, 2004.

Genio y figura de Jorge Isaacs, Editorial Eudeba, Buenos Aires, 1967.

Transparencias de Colombia, Instituto Colombiano de Cultura, Bogotá, 1973.

América en Europa, Editorial Sudamericana, Buenos Aires, 1975; Villegas Editores, Bogotá, 2001, con el nombre *Cuando América completó la tierra;* hay edición gratuita en Internet.

Fernando Lorenzana. Recuerdos de su vida, Instituto Caro y Cuervo, Bogotá, 1978.

Fernando Botero, Editorial Lerner, Bogotá, 1979.

El revés de la historia, Editorial Plaza & Janés, Bogotá, 1980.

20.000 comuneros hacia Sante Fe de Bogotá (con otros autores), Editorial Pluma, Bogotá, 1981.

Bolívar, el hombre de la gloria, Tercer Mundo Editores, Bogotá, 1983.

Bolívar y la revolución, Editorial Planeta, Bogotá, 1984.

De Pío XII a Juan Pablo II. 5 papas que han conmovido al mundo, Editorial Planeta, Bogotá, 1986.

Bolívar: de San Jacinto a Santa Marta, Editorial Planeta, Bogotá, 1988.

El embajador, Editorial Planeta, Bogotá, 1990.

El Libertador y la guerrillera (teatro), Carlos Millá Bartres, Bogotá, 1990.

Con América nace la nueva historia, textos escogidos, (selección y prólogo de Juan Gustavo Cobo Borda), Tercer Mundo Editores, Bogotá, 1990.

América es otra cosa, textos escogidos, (antología y epílogo de Juan Gustavo Cobo Borda), Intermedio Editores, Bogotá, 1992.

Gatos, patos, armadillos y otros seres humanos, Presidencia de la República, Bogotá, 1994.

Bolívar y Santander, vidas paralelas, Editorial Planeta, Bogotá, 1995.

América nació entre libros, textos escogidos, Biblioteca Familiar de la Presidencia de la República, Bogotá, 1996; hay edición virtual gratuita en Internet.

Arciniegas polémico. Sus más resonantes controversias, Editorial Planeta, Bogotá, 2001.

Bibliografía básica sobre Germán Arciniegas

Cacua Prada, Antonio, *Germán Arciniegas. Cien años de vida para contar*, 2 t., Universidad Central, Bogotá, 1999.

——, *Germán Arciniegas. Su vida contada por él mismo*, Universidad Central, Bogotá, 1990.

Cobo Borda, Juan Gustavo, *Arciniegas de cuerpo entero*, Editorial Planeta, Bogotá, 1987.

——, *Arciniegas desde la perspectiva de sus contemporáneos*, Instituto Caro y Cuervo, Bogotá, 1990.

——, *Germán Arciniegas*, Procultura, Bogotá, 1992.

——, *Silva, Arciniegas, Mutis y García Márquez*, Biblioteca Familiar de la Presidencia de la República, Bogotá, 1997.

Melo, Jorge Orlando, "Encajonado una vez más", en *Boletín Cultural y Bibliográfico*, n° 2, vol. XXI, 1984; hay edición virtual gratuita en Internet en http://www.lablaa.org/blaavirtual/boleti3/bol2/encajo.htm

Rivas Gamboa, Ángela, "Un estudiante maestro", en *Revista Historia Crítica*, n° 17, 18 y 19, Universidad de los Andes, Bogotá; hay edición virtual gratuita en Internet en http://www.lablaa.org/blaavirtual/letrar/rhcritica/rivas.htm

Triviño, Consuelo, *Germán Arciniegas* (edic., selec. e introd. de Consuelo Triviño), Ediciones Cultura Hispánica, Madrid, 1999.

Zuluaga, Conrado, *Arciniegas corresponsal del mundo*, correspondencia 1928-1989, Fundación Santillana para Iberoamérica, Bogotá, 1990.

——, *Arciniegas y España*, Fundación Santillana para Iberoamérica, Embajada de España en Colombia, Tercer Mundo Editores, Bogotá, 1995.

Principal bibliografía adicional utilizada para esta biografía

Aristizábal, Luis H., *Diccionario de citas y frases colombianas*, Banco de la República, Biblioteca Luis Ángel Arango, Biblioteca Virtual, 1997, http://www.lablaa.org/blaavirtual/diccio/indice.htm

Bowden, Mark, *Killing Pablo*, Nueva York, Atlantic Monthly Press, 2001.

Caballero Calderón, Eduardo, *Siervo sin tierra*, Biblioteca Básica de Cultura Colombiana, s/f.

Cataño, Gonzalo, *Historia, sociología y política. Ensayos de sociología e historia de las ideas*, Editorial Plaza & Janés, Bogotá, 1999.

Deas, Malcolm, *Vargas Vila*, Biblioteca Banco Popular, Bogotá, 1984.

Forero Benavides, Abelardo, *Momentos y perfiles de la historia universal*, Banco de la República – Universidad de los Andes, Bogotá, 1993.

Hernández Peñalosa, Guillermo, *Anécdotas y poesías satíricas de Miguel Antonio Caro*, Instituto Caro y Cuervo, Bogotá, 1988.

Iriarte Alfredo, *Muertes legendarias,* Intermedio Editores-Círculo de Lectores, Bogotá, 1996.

Lemaitre, Eduardo, *Panamá y su separación de Colombia,* Editorial Pluma, Bogotá, 1971.

——, *Rafael Núñez,* Banco de la República, Bogotá, 1981.

Lleras Camargo, Alberto, *Mi gente,* Banco de la República, Bogotá, 1976.

Lleras Restrepo, Carlos, *Crónica de mi propia vida,* Stamato Editores, Bogotá, 1983.

López Michelsen, Alfonso, *Los elegidos,* Editorial Oveja Negra, Bogotá, s/f.

Maya, Rafael, *Obra crítica,* Banco de la República, Bogotá, 1982.

Palacios, Marco, *Entre la legitimidad y la violencia,* Editorial Norma, Bogotá, 1995.

Rueda Arciniegas, Juan Manuel, *Ascendientes de Basilio Angueyra Perdomo y de María de la Luz Figueredo Vásquez,* Bogotá, 1984.

Salom Becerra, Álvaro, *Don Simeón Torrente ha dejado de... deber,* Tercer Mundo Editores, Bogotá, 1967.

Samper Pizano, Daniel, *Lecciones de histeria de Colombia,* El Áncora Editores, Bogotá, 1993.

——, *Nuevas lecciones de histeria de Colombia,* El Áncora Editores, Bogotá, 1994.

Téllez, Pedro Claver, *Biografía del disparate,* Editorial Planeta, Bogotá, 1988.

Thomas, Hugh, *Cuba, la lucha por la libertad,* Editorial Grijalbo, México, 1973.

Vargas Llosa, Mario, *La fiesta del Chivo*, Editorial Alfaguara, Madrid, 2000.

Zalamea, Alberto, *Gaitán. Autobiografía de un pueblo*, Zalamea Fajardo Editores, Bogotá, 1999.

Zalamea, Jorge, *Minerva en la rueca*, 1949.

Zalamea, Luis, *Las guerras de la champaña*, Tercer Mundo Editores, Bogotá, 1992.

Sumario

9
Primera parte:
el estudiante de la mesa redonda,
1900-1933

49
Segunda parte:
en medio del camino de la vida,
1933-1966

103
Tercera parte:
una gloriosa ancianidad,
1966-2000

129
Bibliografía básica
de Germán Arciniegas

Este libro se terminó de imprimir en el mes de mayo
del año 2005 en los talleres bogotanos
de Panamericana Formas e Impresos S. A.
En su composición se utilizaron tipos
Sabon, Bodoni Poster y Akzidens Grotesk
de la casa Adobe.

v